KB264295

독보적 기업의
온리원 경영

Becoming a Category of One

독보적 기업의 온리원 경영

남들이 하지 않는 것, 할 수 없는 것으로 승부하라

조 캘러웨이 지음 | 윤천규 옮김

독보적 기업의 온리원 경영

개정판 1쇄 발행 • 2010년 6월 24일

지은이 • 조 캘러웨이
옮긴이 • 윤천규
펴낸이 • 김건수

펴낸곳 • 김앤김북스
출판등록 • 2001년 2월 9일(제12-302호)
서울시 중구 수하동 40-2번지 우석빌딩 903호
전화 (02) 773-5133 | 팩스 (02) 773-5134
E-mail : knk@knkbooks.com

ISBN 978-89-89566-51-9 03320

이건 기적이 아니다.
우리는 단지 앞으로 나아가기로 결정했을 뿐이다.

짐 로벨

C·O·N·T·E·N·T·S

3장_ 과거의 성공 방식을 버려라

4장_ 평범함의 함정에서 벗어나라

7장_ 변화하는 고객의 기대를 뛰어넘어라

C·O·N·T·E·N·T·S

8장_ 트렉터 서플라이의 사례

9장_ 온리원 경영의 핵심

자신의 분야에서 선두가 되려고 애쓰지 말라. 새로운 카테고리를 창출해서 유일한 존재가 돼라. 이것이 바로 이 책의 기본 생각이다.

나는 20년이 넘게 세계 유수의 기업들을 상대로 컨설팅과 강연을 해왔다. 그러는 동안 진정한 '온리원(Only One)'이 됨으로써 성공을 거두고, 또 그 성공을 오랫동안 유지해 온 기업들에 깊이 매료되었다.

이들 기업에게서 얻은 교훈은 다른 모든 사업에 즉각 적용할 수 있다. 대기업이든 1인 기업이든 상관없이 이 교훈을 듣는 사람은 놀라움을 금치 못할 것이다. 혹시 뭔가 대단한 비법이라도 담겨 있을까 하고 기대하는 사람도 있겠지만, 이 책에는 그런 거창한 비법 같은 것은 없다. 이 책에서 전하는 교훈은 언뜻 보면 단순해 보이지만, 실행하기는 결코 쉽지 않다. 아마 당신이 얻을 수 있는 가장 큰 교훈은 다른 사람들이 꺼리는 일을 기꺼이 해내는, 아주 평범한 사람들이 놀라운 성공을 거둔다는 사실일 것이다.

회사의 규모나 업종과 무관하게 독보적 기업들에는 공통점이 있다. 이 책에 등장하는 여러 기업들 가운데에는 널리 알려진 기업도 있지만, 대부분은 별로 유명하지 않은 기업이다. 이들 독보적 기업은 어디서나 찾아볼 수 있다. 독보적 기업들은 바로 우리 주변에 있으며, 그곳에서 일하는 직원들은 우리가 알고 있는 평범한 사람들이다. 독보적 기업들은 렌즈크래프터(LensCrafters, 체인 안경점), 트랙터 서플라이(Tractor Supply Company, 안장, 가축 사료 등 주로 월마트가 취급하지 않는 품목을 판매하는 업체)와 같은 대규모 소매상에서부터 기발하고 참신한 발상을 지닌 영화 제작사, 규모는 작지만 눈길을 끄는 치과 병원에 이르기까지 다양하다.

이 책의 대부분은 우리 주변에서 쉽게 찾아볼 수 있는 독보적 기업들에 대한 이야기를 담고 있다. 주위를 한번 둘러보라. 크게 뛰어나 보이지 않는 평범한 기업이 자신의 분야에서 나름의 방식과 행동으로 특별한 무엇인가를 창출해낸다. 그 비결에 관하여 일반적인 추측을 늘어놓은 책들은 수없이 널려 있다. 이 책에서 다루고 있는 사우스웨스트 항공(Southwest Airline)의 성공 신화는 그 유명세만큼이나 인상적이다. 하지만 내가 더 깊은 감명을 받았고 또 강연 등에서 자주 예로 드는 이야기는 시골 변두리 지역의 부품 가게나 보험중개 사무소, 휴대폰 판매업자들이 어떻게 최고의 업적을 쌓았고, 성공을 거두었는가에 대한 것이다.

특히 주목할 만한 사실은 치열한 경쟁에서 살아남아 성공을 거둔 기업들의 공통점이다. 직원 수가 겨우 10명뿐인 소규모 기업에 유용한 방식은 수십억 달러를 벌어들이는 대기업에도 마찬가지로 유용하다. 이것은 나만의 독창적인 생각이 아니다. 나는 단지 그 방식을 여러분에게 전해줄 뿐이다. 물론 나는 사업에서 성공하는 방법을 터득해 왔지만, 이 자리에서 전문가로 행세할 생각은 추호도 없다. 진정한 전문가는 자신의 사업을 한 단계 더 성장시키고 지속적인 발전을 이루어낸 이 책에 소개된 사람들이다.

독보적 기업이 되는 것은 의식적인 결정에서부터 출발한다. 내가 조사한 기업들은 모두 '결정적 순간(moment of truth)'들을 경험했다. 즉 그들은 사업을 진척시킬 것인지, 아니면 사업을 포기하고 다른 일을 찾아야 할지를 결정해야만 했다. 위기 상황에 맞닥뜨렸을 때 놀라운 능력을 발휘한 기업이 있는가 하면, 과거의 성공에 도취되어 현재의 위기를 극복해내지 못한 기업도 있다.

독보적 기업들은 자신이 누구인지 분명히 알고 있다. 그들은 제품의 차원이 아니라 종업원, 주주, 고객의 차원에서 자신들을 정의한다. 자신에게 주어진 사명과 목표를 달성하고 업적을 이루려는 그들의 의지는 돈을 많이 벌고 매출을 늘리려는 의도보다 더욱 강하다. 그들이 단지 더 나은 세상을 만들기 위해 애쓰는 착한 사람들이어서 그런 것은 아니다. 내가 만나본 독보적 기업의 구성원들은 하나같이 경쟁에 민감하고 수완도 좋은 사업가들이었다. 다만 그들은 공통적으로 자신의 일에 대하여 원대한 목적의식을 갖고 있었다.

익숙한 과거의 방식을 포기하는 일은 대부분의 기업에게는 무척 힘든 도전이다. 그러나 독보적 기업은 과거의 성공이 위험한 함정임을 잘 알고 있으며 성공을 가져다준 기존의 방식을 기꺼이 포기할 줄 안다. 더 나아가 그 성공 방식을 주기적으로 내던져버림으로써 끊임없이 변화를 도모한다. 독보적 기업의 리더는 직원들이 새로운 훌륭한 아이디어를 찾을 수 있도록 끊임없이 독려한다. 소모적이라거나 혹은 다른 어떤 비난을 받더라도 그들은 전혀 개의치 않는다. 혁신을 시도하려면 진정한 용기가 필요하고, 혁신의 토대를 만들기 위해서는 진정한 리더십이 필요하다.

고객은 대부분의 기업을 하나의 상품(commodity)으로 간주한다. 따라서 기업이 평범함을 뛰어넘는 무언가를 행하지 않는 한 고객들의 시각은 바뀌지 않을 것이고, 그때까지는 가격을 놓고 경쟁할 수밖에 없다. 다시 말해 기업이 분명하고 강력한 방식으로 자신을 차별화할 때 비로소 '온리원(Only One)'이 될 수 있는 것이다. 과거에 BMW는 품질을 경쟁력으로 삼았지만, 이제는 더 이상 품질이 차별화 요소가 될 수 없다는 사실을 깨달았다. 경쟁이 치열한 오늘날의 시장에서 승리하기 위해서는 강력한 소비자 경험을 창조해야만 한다.

기업의 브랜드는 모든 것이다. 브랜드는 회사의 이름이나 상표, 광고를 의미하지 않는다. 그것들은 브랜드가 아니라 브랜드에 관한 이야기를 전달하는 수단일 뿐이다. 기업의 브랜드는 바로 기업 자체이며, 기업이 내건 약속, 그 약속을 지킬 수 있는 능력과 열의를 뜻한다. 독보적 기업은 브랜드를 구축하고, 홍보하고, 보호하기 위해 전사적으로 헌신한다. 브랜드는 현재 고객과 잠재 고객의 마음속에 존재한다. 그것은 바로 고객이 생각하는 기업의 모습이다. 그리고 고객과의 약속을 지키는 직원들이 곧 브랜드이다.

업종에 관계없이, 크고 작은 훌륭한 기업들은 하나의 요소에 초점을 맞춘다. 바로 고객이다. 모든 독보적 기업이 따르는 세 가지 원칙이 있다.

1. 고객에 대해 정통하라.
2. 고객에게 가까이 다가가라.
3. 고객과 감성적 관계를 형성하라.

고객을 소중히 여기는 것은 가장 오래된 경영 철학이며, 현재에도 변함이 없는 철학이다. 그런데 그 철학을 행동으로 실천하는 기업은 그리 많지 않다. 독보적 기업이 되기 위해서는 충성스런 고객(loyal customer)을 확보하고 유지하는 데 온 힘을 쏟아야 한다.

지금 고객의 기대는 과거 어느 때보다도 높다. 아마 내일이면 오늘보다 더욱 높아져 있을 것이다. 고객은 어느 한 기업을 다른 기업들과 끊임없이 비교한다. 그들은 동종 업계의 경쟁사들은 물론이고 다른 업종의 기업들과도 비교를 한다. 따라서 독보적 기업은 자신이 속해 있는 업종뿐 아니라 전체 시장을 벤치마킹함으로써 개선 방법을 찾아내곤 한다. 은행은 고객과 긴밀한 관계를 맺고 있는 병원에서 배울 점을 찾을 수 있다. 성취도에 대한 고객의 새로운 기준에 부합하기 위해서는 모든 곳을 살펴보아야 한다.

독보적 기업의 사례 연구에서, 나는 트랙터 서플라이(Tractor Supply Company)를 최고 기업 중의 하나로 꼽는다. 트랙터 서플라이라는 이름을 아직 들어본 적이 없다면, 조만간 듣게 될 것이다. 트랙터 서플라이의 직원들은 세상에서 가장 오래되고 가장 기본적인 사업 원칙들을 받아들였고 그것을 성공의 기초로 삼았다. 이들의 고객 충성도는 전설적이며, 직원들은 항상 사기가 충만해 있다. 조 스칼렛(Joe Scarlett)과 짐 라이트(Jim Wright)가 그들의 신념, 생각, 일상적인 행동을 통해서 보여준 리더십의 교훈은 내가 경험해본 가장 의미 있는 것이었다. 20년 동안 트랙터 서플라이의 성장과 번영을 지켜보면서 나는 큰 기쁨을 느꼈다. 이 책에서 그들의 성공 원칙을 함께 나눌 수 있게 된 것을 감사하게 생각한다.

이 책의 마지막은 특별한 인물들과의 대담으로 장식했다. 그들은 대담에서 '온리원(Only One) 경영'의 핵심을 털어놓았다. 한결같이 배움을 추구하는 셰릴 스콧(Cheryl Scott) 박사, 다른 사람들의 성공을 돕기 위해 제인 헛슨(Jane Hutson)이 전하는 가르침은 기업을 한 단계 더 발전시키기 위해 노력하는 모든 사람들에게 유익할 것이다.

이 책의 집필은 더없이 만족스런 경험이었다. 최근 몇 년간 미국의 경제와 기업에 대한 부정적인 소식들을 들어왔지만, 직원과 고객에 대해 존경심을 갖고 공정하게 대하고, 올바르게 업무를 수행하는 것이 기업을 성공으로 이끈다는 믿음을 되새기며 집필을 마칠 수 있었다. 결국에는 올바른 기업이 승리한다. 독자 여러분과 여러분의 회사가 '온리원'이 되는 데 이 책이 도움이 되었으면 한다.

01
의식적인 결정에서 출발하라

기적이 아니다

영화 「아폴로 13호」의 첫 장면은 우주비행사들이 주인공인 짐의 집에 모여 텔레비전으로 생중계되는 역사적인 장면을 지켜보는 것으로 시작한다. 그들의 동료 우주비행사인 닐 암스트롱(Neal Armstrong)이 인류 최초로 달에 첫발을 내디디려는 순간이었다. 파티 분위기가 점점 달아오르고 있었다. 방송 기자 월터 크롱카이트(Walter Cronkite)가 이 사건을 중계하는 가운데 암스트롱의 불멸의 선언이 들려온다. "인간에겐 작은 한 걸음이지만 인류에게는 거대한 도약입니다." 분위기는 순식간에 가라앉고 모두 숙연해진다. 수년 간 세계의 주요한 역사적 사건을 다루었던 노련한 기자 크롱카이트도 이 순간의 장엄함에 압도되어 할 말을 잃는다.

방송이 끝나자마자 파티도 이내 끝이 나고, 한자리에 모였던 사람들은 모두 뿔뿔이 흩어진다. 톰 행크스가 연기한 짐 로벨은 아내 메릴린과 뒤뜰로 나와 달을 쳐다보면서 이렇게 말한다. "이제 우리는 인류가 달 위를 거니는 시대에 사는 거야. 기적이 아니야. 우린 단지 앞으로 나아가기로 결정했을 뿐이야."

앞으로 나아가기로 결정하는 것은 독보적 기업이 되기 위한 여정의 첫걸음이다. 그런데 유감스럽게도 그 첫 발걸음은 쉽게 내디뎌지지 않는다. 대부분의 기업들은 전진을 위한 결단을 내리지 않는다. 독보적 기업이 되려고 하지 않는 것이다. 기업들이 되풀이해서 하는 일이란 고작 독보적이 되는 것에 관해 이야기하거나, 회의를 열거나, 사명 선언문(mission statement)을 작성하는 것뿐, 정작 새로운 수준의 성공을 향한 결단을 내리지는 않고 있다.

의식적인 결정

독보적 기업들의 공통점 가운데 하나는 위대한 성과를 향해 전진하기로 의식적인 결정을 내린다는 점이다. 그러한 결정은 여러 가지 형태를 취할 수 있다. 가령 회사의 사장이 혼자서 내리는 결정일 수도 있고, 아니면 수개월의 기간을 거치면서 조직 구성원이 함께 내린 결정일 수도 있다. 회의를 끝마치면서 "어디 한번 해봅시다. 우리가 어디까지 갈 수 있을지, 얼마나 신나게 일할 수 있을지, 얼마나 돈을 벌어들일지 한번 해보자구요” 하고 말하는 식이다. 분명한 것은 대부분의 독보적 기업들이 앞으로 전진할 것인지를 놓고 분명한 결정을 내려야 하는 ‘결정적 순간’에 주기적으로 직면한다는 사실이다. 그리고 성공을 위해서는 그러한 결정을 지속적으로 반복해야 한다.

전환점

독보적 기업들은 대부분 전진을 위한 결단을 내려야 했던 특정한 시점을 알고 있다. 기업에 전환점이 언제였는지를 묻자, 사장들은 이런 대답들을 했다. “1979년에 우리는 심각한 위기에 처했었습니다. 우리를 둘러싼 모든 것이 변화하고 있었고, 우리는 올바른 길을 찾아야 했지요.” “1995년 연례 회의 때였습니다. 임원들과 앞으로의 상황과 우리가 이루고자 하는 과제에 대해 이야기하던 도중, 갑자기 서로의 얼굴을 바라보았습니다. 그리고는 변화하기로 결정했죠.”

때로는 변화의 씨앗이 위로부터가 아니라 아래에서 자발적으로 뿌려지는 경우도 있다. 최고경영진이 전진을 결정하는 것이 아니라 조직의 모든 구성원들이 성장의 기회를 인식하고 행동에 나서는 것이다. 이 경우 최고경영진의 주요 임무는 아래로부터의 변화를 장려하는 기업문화와 환경을 조성하는 것이다. 중요한 결정이 하향식으로 이루어질 때는 조직 전체에 완벽하게 전달되어야 하고 그에 대한 직원들의 지지와 동참을 이끌어내야 한다. 대부분의 독보적 기업들은 위대해지기로 결정을 내린 특정한 순간이 언제인지를 알고 있다. 그러한 결정은 지속적으로 이루어지는 것이지만, 결정을 내리는 매 순간은 명확하게 식별할 수 있다.

위기의 가치

종종 뛰어난 기업들은 전진하기 위한 결단을 요구하는 위기 상황을 통해 더욱 위대한 기업으로 거듭난다. 이들은 비상 상황에서 보다 명확한 인식과 강한 위기감을 느낀다. 그래서 불필요한 군살을 빼고 새로운 방식으로 경쟁에 임한다. '결정적 순간'을 거치면서 한 단계 더 높은 수준으로 도약하는 것이다.

미국 최대의 조립주택 회사 가운데 하나인 팜 하버 홈즈(Palm Harbor Homes)의 CEO 래리 키너(Larry Keener)는 24년의 세월을 거치면서 두 번의 결정적 순간을 경험했다고 한다. 첫 번째 위기는 1980년대 말 업계 전체가 경기침체에 접어들었을 때였다. 키너는 침체기야말로 "핵심 전략을 확인할 수 있는 아주 좋은 기회"라고 말한다. 그는 다음과 같이 덧붙였다.

"1980년대에 결정적 순간을 겪으면서 두 가지 교훈을 얻었습니다. 하나는, 훌륭한 인재 채용이 능사가 아니라는 점입니다. 품질 좋은 주택을 짓고, 고객 만족도를 높이며, 관련 업체들과 원활한 관계를 유지하는 것은 우수한 인재를 채용한다고 해결되는 것이 아닙니다. 그래서 우리는 사명 선언문에 입각한 교육 훈련 과정이 뒷받침된 품질관리 체계를 필요로 했습니다. 필립 크로스비(Philip Crosby, 품질경영을 주창한 미국의 경영 컨설턴트—옮긴이)의 품질개선절차(QIP)를 도입해 고객 맞춤형으로 체계를 바꾸었는데, 그것은 곧 우리의 '신앙'이 되었습니다. 업무 개선과 관련된 모든 문제의 해답을 거기서 찾을 수 있었지요."

팜 하버가 1980년대의 침체기를 겪으며 깨달은 또 하나의 진실은, 주택을 판매하는 독립 대리점들이 팜 하버의 비전과 사명을 공유하지 않았다는 것이었다. 결과적으로 회사의 노력은 제품 판매 단계에서 제대로 먹혀들지 않았다. 결국 팜 하버는 미래의 발전을 담보하고 브랜드의 통일성을 기하기 위해 소매업에도 직접 뛰어들어야 했다.

"그 두 가지 결정은 업계 전체의 움직임과는 어긋나는 것이었어요"라고 키너는 말한다. "두 가지 모두 막대한 투자와 엄청난 인내가 필요했습니다. 그렇지만 오늘날 우리는 고객들이 원하는 품질과 가치를 일관되게 제공할 수 있게 되었고, 경쟁업체와의 차별화에도 성공했습니다."

사업 범위와 고객 약속의 확장

팜 하버가 두 번째로 전진을 결정한 것은 1990년대 호경기에 의해 초래된 위기에서 비롯했다. 래리 키너는 그 당시의 순간을 다음과 같이 회상했다. "우리가 결정적 순간을 맞이하게 된 것은 소매 주택금융과 관련이 있습니다. 주택건설 업종은 경기를 많이 타는데, 경기는 소매 금융에 영향을 받습니다. 1990년대에 호황기를 맞으면서 신용이

부실한 고객에게까지 대출이 무분별하게 확산되었습니다. 그 결과 연체자가 급증했고, 대출 회사는 파산하거나 제 살을 깎아내야 했습니다. 그리고 주택업계는 외부의 대출 회사가 부족하게 되었죠."

당시 팜 하버는 광고와 기존 고객들의 신규 고객 추천 덕분에 수요가 계속 늘어나서 주택 생산을 늦출 수 없었다. 그렇지만 주택 수요자들에 대한 대출이 원활하지 않아 판매를 확대하는 데 제약이 따랐다. 이에 대해 키너는 다음과 같이 말한다.

"우리는 독보적 기업이 되기로 한 팜 하버의 약속이 신용이 있는 구매자에게 신용을 제공할 우리의 능력에 달려 있음을 깨달았습니다. 그래서 융자 은행을 설립했죠. 주택업계에서 융자 은행을 설립한 것은 전례가 없는 일이었어요. 우리는 경제적인 자립 능력이 있는 고객을 위해 대출 회사를 만든 것입니다. 대출받을 자격이 있는 고객은 팜 하버에서 제공하는 주택을 소유할 수 있고, 그러한 고객에게는 대출을 해줘야 한다는 것이 우리의 철학이었습니다."

팜 하버는 주택업계에 불어닥친 위기로 인해 결정적 순간을 맞았고, 이를 계기로 앞으로 나아가기로 결정했다. 그들은 자신들의 사업에 대한 정의와 고객에 대한 약속의 범위를 확장시켜야 했던 것이다. 키너는 이렇게 말한다. "고객과 우리 자신에 대한 약속을 지키기 위해 우리는 한 단계 더 앞으로 나아가야만 했고, 이를 위해 사업 범위도 넓히기로 결정했습니다. 우리 팜 하버는 항상 독보적 기업이 되고자 노력합니다. 독보적이 되려면 어떻게 해야 하는지는 환경이 계속해서 새롭게 정의해줍니다. 우리는 변화하는 환경을 우리 자신을 차별화하는 기회로 받아들이고 있죠."

최고가 되거나, 아니면 그만둬라

퀼(Quill)은 사무용품 시장의 선도 기업이다. 1980년대 중반 퀼의 소유주였던 세 사람은 자신들의 사업 규모가 너무 커져버렸다는 사실을 깨달았다. 그들은 회사가 지속적으로 성장하면서 특별한 고객 서비스와 효율적인 운영을 계속하기를 바랐는데, 그러기 위해서는 회사를 한 단계 더 발전시켜야만 했다. 그리하여 퀼은 노련한 관리자 세 사람을 외부에서 영입하기로 결정했고, 그 결정은 회사의 미래를 바꿔놓았다. 이후 퀼은 과거의 방식에서 벗어나 보다 공격적인 기업으로 변모하는 데 성공했다.

두 번째 결정적 순간은 스테이플즈에서 퀼을 인수했을 때 찾아왔다. 모기업으로부터 성장을 더욱 가속화하라는 요구를 받은 것이다. 퀼의 사장인 래리 모스(Larry Morse)는 당시의 의사결정 과정을 이렇게 회상했다. "회사 경영진이 이틀 동안 모임을 가졌는데, 가능한 모든 방식으로 조직의 업무 성과를 높여야 한다는 데 의견 일치가 이루어졌습니다. 우리는 모든 부문에서 최고가 되기로 결의했고, 특히 고객 서비스 부문에서는 더욱 그랬습니다. 바로 그것이 우리의 신조가 되었죠. 실제로 우리는 '최고가 되거나, 아니면 그만둬라' 라는 슬로건을 채택하면서 모임을 끝냈습니다." 이 모임은 퀼의 두 번째 결정적인 전환점이 되었다.

두 번의 결정은 모두 상층부에서 이루어졌다. 첫 번째의 경우에는 오너들이 힘을 합해 팜 하버라는 기업을 새로운 성장 단계로 끌어올리기로 결정한 것이다.

회사의 고위 관리자들도 자신들의 흔적을 회사에 남기고 싶어했고, 성공을 쟁취하기를 열망했다. 그리고 최고경영자가 나서자 그들도 더욱 혼신의 힘을 기울일 수 있었다.

대부분의 기업들은 전진을 선언하는 단계를 쉽게 넘어서지 못한다. 그들은 중요한 어떤 일을 하는 데 전념하고 있다고 생각하지만, 실제로는 그것에 관해 말하는 데 그치는 경우가 허다하다. 퀼은 말뿐만이 아니라 직접 실행에 나섰다. 그리고 계획 수립의 틀을 제공하는 다음과 같은 다섯 가지 전략 과제를 설정했다.

1. 고객 기반을 최대화한다.
2. 효과적인 판매와 서비스를 위한 접촉 및 관계 모델을 개발한다.
3. 업계 최고의 서비스와 가치를 제공한다.
4. 품질을 향상시키고 시장을 확대하는 데 힘쓴다.
5. 모든 분야에서 탁월한 운영이 이루어지도록 노력한다.

퀼은 단지 회사를 새로운 단계로 끌어올리기 위해 번드르르한 말만 늘어놓은 것이 아니다. 그들은 단호히 결정을 내렸고 그 즉시 변화를 위한 실행에 돌입했다. 전진하는 기업과 전진하지 못하는 기업의 차이점이 바로 여기에 있다.

전진하기로 한 그들의 결정이 있고 나서 즉각적이고 의미 있는 행동이 뒤따랐다. 무언가 중요한 일이 진행 중이며 그에 따른 행동이 취해지고 있다는 분명한 신호가 조직 전체에 전달되었다. 결국 실행이 없는 비전은 망상에 불과할 뿐이다.

위험한 가정

어느 기업이든 다음과 같은 말을 즐겨 하는 경향이 있다. "우리 회사는 최고가 되고자 합니다, 우리는 위대해지고 싶습니다." 당연한 말이다. 하지만 말과는 달리 실제로 그것을 믿고 진심으로 바라느냐 하는 것은 별개의 문제이다. 많은 기업들은 직원들이 최고가 되기를 원하는 것은 물론이고, 그렇게 되기 위해 기꺼이 헌신하고 변화하고 노력할 것이라고 생각한다. 하지만 이런 생각은 종종 틀릴 때가 있으며, 그것은 때로 매우 위험한 가정일 수도 있다.

많은 사람들, 아니 거의 대부분의 사람들은 위대해지기를 열망하지 않는다. 그리고 이것을 반드시 나쁘게 볼 수는 없다. 일을 적당히 잘하면서 사는 것은 결코 잘못이 아니다. 대열의 선두에 서고 싶어하는 사람이 있는가 하면 중간 정도에 끼기를 원하는 사람도 있고, 옆에서 구경이나 하고 싶어하는 사람도 있지 않겠는가. 물론 소로우(Henry David Thoreau, 미국의 사상가, 『월든』의 저자)의 말처럼, "조용한 절망의 삶"을 살아가는 사람도 있다. 그들은 모두 삶의 방식 가운데 한 가지를 선택한 것이므로 그것에 대해 누구도 비난할 수는 없다. 그들은 위대해지는 것에는 관심이 없으며, 하루 하루를 그저 무사히 보낼 수 있기를 바랄 뿐이다.

나는 성취욕이 꽤 강한 편이지만 누군가가 옆에서 지나칠 정도로 열정을 부추기면 반발심이 들 때가 있다. 성공으로 오르는 사다리타기를 멈춘 채 한동안 중간 지점에 머물러 있고 싶을 때도 있다. 하지만 나의 잠재력을 실현하기 위해서는 냉정하게 판단해야 한다는 사실을 깨달았고, 그때마다 나는 전진하기로 마음을 정했다.

개인적인 열망 성취이건 기업의 목표 달성이건 간에 동일한 역학이 적용된다. 어느 경우든 헌신 없이 이루어지는 것은 아무것도 없다. 나는 오랫동안 담배를 피워왔다. 금연을 결심하거나 그것을 행동으로 옮길 수도 있지만, 정말로 담배를 끊고 싶은 마음은 없다. 금연하기로 결심하고 몇 주일 동안 담배를 멀리한 적이 있지만 결국은 다시 피웠다. 금연에 실패한 이유는 담배를 끊겠다는 결정이 머리에서 이루어졌을 뿐 마음에서 우러나온 것이 아니었기 때문이다.

기업도 마찬가지다. 나는 언젠가 저축상품의 판매 촉진을 원하는 한 은행의 컨설팅을 맡은 적이 있다. 은행 측은 상품을 권하는 전화 홍보를 하면 판매가 늘어날 것이라고 생각했지만, 그런 어리석은 전략의 결과는 불을 보듯 뻔했다. 판촉 전화량이 늘면서 상담의 질은 급격히 떨어졌고, 그것은 곧 실적의 저하로 나타났다.

나는 은행 측에 판매실적을 획기적으로 높이려면 전화 거는 횟수를 줄이는 대신 조사와 준비 작업에 시간을 더 쏟으라고 조언했다. 이를 위해 은행 측은 자신들이 생각했던 것보다 훨씬 더 많은 변화와 노력이 필요했고, 결국에는 적극적으로 개선에 나섬으로써 마침내 목표를 달성할 수 있었다.

가장 원하는 것을 얻는다

매출을 높이고 싶다고 말하는 이에게 누구나 자신이 가장 원하는 것을 얻게 된다고 말한다면 의아하게 여길지도 모른다. 만약 그가 정말로 매출 증대를 절실히 원한다면 그것을 달성할 수 있을 것이다. 그러나 진심으로 원하는 것과 말로만 원하는 것은 다르다. 여기서 이런 진부한 문구를 들먹이는 까닭은 그것이 바로 진실이기 때문이다. 체중을 줄이기를 원하면서 샐러드 대신 베이컨를 넣은 세 겹의 치즈버거를 주문하는 사람이 있다. 그 사람에게는 체중 감량보다 치즈버거를 먹고 싶은 욕구가 더 강렬하고 중요하다. 무슨 거창한 비법은 아니지만, 아무튼 우리는 항상 우리가 가장 절실하게 원하는 것을 얻는다.

앞서 예로 들었던 은행의 사례를 좀더 살펴보자. 은행은 저축상품의 판매 증대를 원했고, 이를 위해서는 조사와 준비가 선행되었어야 하는데도 그렇게 하지 않았다. 실행하기가 까다롭기 때문이다. 사실 은행 측이 가장 원하는 것은 상품 판매를 늘리자는 목소리를 높이는 것뿐이어서 실제 행동은 소홀히 했다. 자료를 찾고 연구하는 까다로운 작업 대신 말로 떠드는 것만으로도 판매 촉진을 위해 애쓰는 것처럼 보이기에 충분했기 때문이다.

나는 이와 유사한 사례들을 모든 유형의 기업들에서 수년 동안 수없이 보아왔다. 그들은 최고의 인재를 원하면서 교육 훈련에 투자하지 않고 채용 방식을 바꾸지도 않는다. 책임감 있는 직원이 되라고 주문하면서 정작 직원들에게는 실질적인 권한을 주지 않고 모든 일을 일일이 간섭한다. 또한 수시로 팀워크의 중요성을 강조하면서 부서간의 의사소통을 원활하게 하기 위한 어떤 조치도 취하지 않는다. 이런 기업들의 진짜 속마음은 겉으로만 구호를 외치면서 적당히 현상을 유지하는 것이다. 그렇지 않다면 항상 해오던 방식을 그대로 답습하면서 결과가 달라지기를 기대하는 것과 같다. 따라서 그들은 자신들이 직접 경기장에 나서기보다는 멋진 경기에 대해 이야기하는 것을 더 원한다는 사실을 인정해야만 한다.

전진을 꺼리는 사람도 있다

「내일을 향해 쏴라」라는 영화를 보면 은행 강도인 부치와 선댄스가 어느 시골 여관의 발코니에 앉아 거리의 보안관을 내려다보고 있는 장면이 나온다. 그 보안관은 불법을 자행하는 부치와 선댄스에게 정의의 심판을 내려야 한다면서 민병대를 조직해 그들을 추적해야 한다고 열심히 주민들을 독려하고 있다.

하지만 주민들 중에 나서서 위험을 무릅쓰려는 사람은 단 한 명도 없다. 그들은 그저 무심히 보안관을 바라볼 뿐이다. 이 주민들은 어쩌면 전부 겁쟁이일지도 모른다. 하지만 최소한 자신들이 위험 속으로 뛰어들 용기가 없다는 점에 대해서는 솔직하지 않은가.

누구도 경기에 나가려 하지 않고 용기 있는 척 허세를 부리지도 않는다. 그들은 앞으로 나아가고 싶어하지도 않고, 앞으로 나아갈 것처럼 가장하지도 않는다. 이것이 민병대의 리더가 될 뻔했던 보안관에게 의미하는 바는, 적어도 자신이 어디에 있는지는 알고 있다는 사실이다. 적들이 멀리 달아났다면 먼 곳을 수색하기보다 차라리 마을이나 잘 지키는 편이 낫다. 말로만 앞으로 나아가겠다고 허세를 부리는 것보다는 차라리 가만히 있는 편이 더 낫다.

단합대회

　사람들은 퍼레이드, 단합대회, 축하연을 좋아한다. 기업도 마찬가지다. 목표를 높이 세우는 것을 좋아하고, 자신들이 바라는 것이 실현되기를 기원한다. 그러면서 정작 변화를 실행하는 것은 주저한다.

　모두가 멋진 경기를 이야기한다. 기업은 업무 성과를 높이고 최고가 되는 것에 대해 의례적으로 말한다. 단합대회에서 사용할 슬로건을 근사하게 짓기도 한다. '변화의 물결을 타자!' '시장을 장악하자!' '총체적 고객만족!' '최강의 팀!' '최강의 파트너!' '탁월함을 성취하자!' '장벽을 허물자!' '사고의 틀을 깨자!' '성공을 향해 앞으로 나아가자!' 등등. 어쩌면 가장 자주 등장하는 구호는 '고객의 기대를 뛰어넘자!'일 것이다.

　기업들은 대규모 단합대회를 통해 최대의 효과를 거둘 수 있도록 그들은 많은 준비와 노력을 기울인다. 그들은 칸쿤(Cancun, 멕시코의 휴양 도시)이나 힐턴 헤드(Hilton Head), 혹은 한적한 해변에 있는 호텔에 장소를 정한다. 그리고 제일 먼저 회사의 경영자가 단상에 올라가 회사의 비전과 사명에 관해 연설하면서 행사가 시작된다. 그는 연설을 통해 직원들의 사기를 북돋우고, 회사가 앞으로 성공할 것이라는 믿음을 심어준다.

　개회식이 끝나면 숙련된 교관이 해변에 직원들을 모아놓고 팀워크 훈련을 시킨다. 직원들은 편을 나누어 각종 잡동사니를 조립해 뗏목 만들기 시합을 한다. 일부에서는 신제품과 신기술에 관한 열띤 토론도 벌이기도 한다. 식사를 마친 뒤에는 강연을 듣는데, 강연 주제는 주로 '지금의 위기 상황을 어떻게 극복할 것인가?', '당장 실천에 옮길 수 있는 작지만 중요한 일들은 무엇인가?'와 같은 것들이다. 시상 만찬이 열리는 저녁 시간에는 밴드의 흥겨운 연주에 맞추어 모두가 춤추거나 단체 경연을 벌인다. 더 이상 무엇을 바라겠는가!

마지막 날에는 폐회식이 열린다. 폐회식은 단합대회에 참가한 전 직원들을 자신감이라는 거대한 물결에 실어 다시 세상으로 돌려보내는 자리이다. 이때 사장은 항상 똑같이 시작되는 다음과 같은 내용의 연설을 한다. "우리는 이곳에 모여 아주 멋진 사흘을 보냈습니다. 하지만 우리에겐 아직 할 일이 많이 남아 있습니다." 사장의 연설이 끝나면 동기부여 강사의 심금을 울리는 강연이 이어진다. 그리고 티나 터너의 「심플리 더 베스트(Simply the Best)」라는 노래가 울려 퍼지면 여기저기서 휘파람 소리가 난무하고 직원들은 열광의 도가니에 빠져든다. 무대 양쪽에 배치된 대형 화면에서는 갖가지 포즈로 미소를 지으며 손가락을 치켜드는 직원들의 모습이 비춰진다. 직원들의 사기는 한껏 고조되고 뜨거운 열기가 실내를 가득 매운다. 스피커에서 퀸의 「위 아 더 챔피언(We Are The Champions)」이 울려 퍼지면 모두가 약속이나 한 듯이 손을 맞잡고 좌우로 몸을 흔들며 열창을 하는 것으로 모든 행사가 끝난다.

다음날 직원들은 회사에 출근해서 사무실 벽에 성취욕을 고취시키는 포스터를 붙여놓는다. 구름을 뚫고 창공으로 비상하는 독수리, 눈 덮인 산 정상, 승리의 환호 속에 땀에 젖은 모습으로 결승선을 통과하는 팀원들의 사진(물론 거기에 '나'는 빠져 있다)이다. 집에서는 욕실 거울에 성공 선언문을 붙여 놓고 아침마다 한 차례씩 낭독을 하고, 출근길 차 안에서는 동기부여 테이프를 듣는다. 분명 우리는 성공의 정상에 오르기 위해 필요한 모든 일을 하고 있다.

왜 성공하지 못했는가?

6개월 후, 사람들은 자기 집 욕실 거울에 붙여둔 성공 선언문을 뚫어지게 바라보고, 회사는 기대에 못 미친 자신들의 실적을 바라본다. 그리고는 대체 무엇이 잘못된 것일까 하고 고개를 갸우뚱거린다. 성과를 끌어올리기로 한 목표는 달성하지 못했다. 독수리가 산 정상으로 비상하지 못한 것이다. 대신 경쟁업체가 최고의 자리를 차지했고, 자신들은 여전히 2등에 머물러 있다. 성공 요건을 모두 갖추었다고 믿었는데 이런 상황이 벌어지면 참으로 난감하다. 우수한 인재, 참신한 사업 전략, 뛰어난 제품을 가지고도 왜 목표 달성에 실패한 것일까?

최상의 계획과 온갖 동기부여 노력에도 불구하고, 그들은 결정적인 첫 발걸음을 내딛지 않았기 때문이다. 즉 앞으로 나아가기로 결정하지 않은 채 전진하자는 말만 되풀이했던 것이다.

어려운 질문

그들은 분명 전진하기로 결정했었다! 그래서 그토록 많은 시간과

공을 들여 단합대회를 열고, 포스터를 만들고, 성공 선언문을 욕실 거울에 붙여놓지 않았던가. 하지만 이들은 손쉬운 일만 하려고 했을 뿐 정작 어려운 문제는 회피했다. 바로 자신의 내면으로 들어가 정직하게 이런 질문을 던지는 일 말이다. '우리는 정말로 이 일을 하기 원하는가?' '우리는 기존의 방식을 바꿀 의지가 있는가?'

나는 기업에서 주최하는 회의나 모임에서 브랜드 구축과 브랜드 경쟁 전략에 관한 강연을 수없이 많이 해왔다. 장담하건대, 그런 모임의 겉모습이나 회의에서 나온 말만으로는 기업의 성공을 예측하기 어렵다. 나는 기업들이 요란스럽게 행동하지 않으면서도 자신이 지향하는 것을 단호하게 실천하는 것을 많이 보아왔다. 요란스러운 행동이 반드시 열정을 나타내는 것은 아니다.

물론 큰 예산을 들인 대규모 단합대회가 성과를 거둘 수 없다는 얘기는 아니다. 가능한 일이다. 활력과 열정을 불어넣으려면 흥겨운 공연과 동기부여가 필요하다. 대기업이 휴양지의 고급 호텔에서 단합대회를 여는 것이 잘못일 리는 없다. 하지만 이보다 중요한 것은, 성과를 거두려면 그에 걸맞은 실행이 뒤따라야 한다는 점이다.

연설을 하는 자리에서 나는 기업이 설정한 목표에 관하여 간단하지만 결코 쉽지 않은 질문을 던진다. "진정으로 그런 의도를 갖고 있습니까?" "어디까지 일을 밀고 나갈 생각입니까?" "어느 정도까지 혼란을 감수할 수 있죠?" "목표에 이르기 위해 모든 것을 버릴 용의가 있나요?" "당신 기업이 지향하는 바가 뭐죠?" "업계에서 최고가 되겠다, 탁월한 실적을 이루겠다, 사업을 한 단계 끌어올리겠다는 말은 진심입니까, 아니면 의례적인 말에 불과합니까?"

“물론 진심입니다”라는 대답을 듣는다 해도 상황은 그리 간단하지 않다. 당신과 당신의 기업은 위대함을 성취하기 위해 앞으로 나아갈 준비가 되어 있지 않을 수도 있다. 어쨌든 “한번 해봅시다”라고 말했다면, 무엇에 전념할 것인지를 분명히 해두어야 한다.

만약 준비가 안 되어 있다면, 자신을 속이지 말고 차라리 현재의 자리에 그대로 머무는 편이 나을 수 있다. 여러 해 동안 전력투구를 해왔어도 성과가 그저그렇다면, 이제는 잠시 쉬고 싶을 수도 있을 것이다. 괜찮다. 하지만 그런 전략에도 문제는 있다. 당신은 현재 위치를 지켜내지 못할 수도 있다. 앞으로 나아가든 뒤로 물러나든 양자택일 외에는 선택의 여지가 없는 것이다.

하지만 실현할 수 없는 야심을 품기보다는 이류라는 사실을 겸허히 받아들이고 현재의 위치를 지키는 편이 낫다. 정말로 원하지 않는 일을 해서 성공하기란 거의 불가능하기 때문이다. 일하는 방식은 기존의 것을 그대로 답습하면서 매년 새로운 포스터를 붙여놓고, ‘올해’야말로 정상에 올라서야 할 때라고 입버릇처럼 말해본들 부질없는 짓이다.

믿어라, 그러면 이루어진다

전진을 결정하는 것은 곧 목표를 세우고 그 목표를 실현하기 위한 행동을 한다는 의미이다. 이를 위해 우선, 성공에 대한 믿음이 있어야 하고, 그 다음에는 행동이 뒤따라야 한다. 믿음과 행동 중에 어느 한 가지라도 빠지면 곤란하다. 무작정 독보적 기업이 될 거라고 믿는 것은 의미가 없다. 또한 그 같은 믿음이 조직 전체에 확산되지 않고는 목표를 달성하기가 쉽지 않다. 만약 전 조직원이 믿음을 공유하지 않은 상태에서 성급히 실행에 뛰어들 경우, 목표를 성취하기까지의 지난한 시간을 결코 버텨낼 수 없을 것이다.

퀼의 래리 모스는 다음과 같이 말한다. "우리는 먼저 직원들에게 우리 회사와 직원들이 최고라고 말하는 것부터 시작했습니다. 직원들이 그렇게 믿을 때까지 반복해서 말해주었죠. 또한 매번 성공적이고 긍정적인 부분을 부각시켜서 직원들이 그러한 행동이나 조치를 자연스럽게 받아들이도록 했습니다. 우리는 최고의 회사를 만들기 위해 팀워크와 목표의식을 심어주었으며, 고위 관리자들 역시 최고의 기업이라는 목표에 맞춰 모든 일을 계획하고 추진해 나갑니다."

퀼의 경우 성공에 대한 밑그림을 제시한 뒤 핵심 사항들을 이행해 나갔다. 그들은 간명한 비전 선언문을 채택했고, 회사를 발전시키려면 리더십을 강화해야 한다는 것을 직원들에게 이해시켰다.

모스의 말을 계속 들어보자. "우선 이상적인 리더 상을 개발할 필요가 있었습니다. 그래서 '퀼 리더십 모델'을 만들어 전 조직을 대상으로 리더십 교육을 실시했습니다. 그리고 소속감을 강화하기 위해 회사에서 사용하는 모든 물건에 로고를 부착했고 '고객을 누구보다도 배려한다'는 전략적 원칙에 전 직원들이 초점을 맞추도록 했습니다. 또한 지속적인 직원 교육을 위해 '위대한' 퀼 리더십 학교도 설립했습니다. 그 결과, 직원들은 자신이 최고라는 믿음을 갖게 됐고, 회사가 도달해야 할 곳이 어디인지 분명히 알게 됐습니다. 그리고 모두가 그 목표에 도달하기 위해 노력하고 있습니다."

한 단계 앞으로 나아가기

CST는 정보기술과 엔지니어링 관련 서비스 회사로서 연방 정부를 주 고객으로 두고 있다. 이 회사가 상대하는 정부 부서는 두 부류로 나뉘는데, 육해공군, 연방 예비군, 주 방위군, 공병대를 포함하는 미 국방부와 농무부, 재무부, 보건후생부, 노동부, NASA, 내무부를 포함하는 민간 부서들이다.

CST는 직원 수가 천 명에 이르자, 자신들의 현재 위치와 지향점에 대한 재점검을 실시했다. 더 큰 계약을 따내서 회사를 더 빨리 성장시키고 싶었고, 그러기 위해서는 한 단계 더 앞으로 나아가지 않으면 안 되었기 때문이다. 이에 대해 바비 브래들리(Bobby Bradley) 사장은 이렇게 말한다. "성장이든 쇠퇴든 선택은 하나입니다. 기업은 계속 성장해야 합니다. 그래서 직원 수가 천 명을 넘어서면 자신이 누구인지 한 번쯤 돌아봐야 하죠. 직원 수가 천 명이 되기까지의 동력이 회사가 한 단계 더 발전할 수 있게 하는 동력과 같지는 않으니까요."

여기서 '현재에 이르도록 한 것이 그 자리를 계속 유지하게 해주지는 않는다' 라는 오래된 격언을 되새겨볼 필요가 있다.

CST는 다음 단계로 나아가기 위해 사업 계획과 직원 훈련, 그리고 새로운 경영팀의 조직 등 전 부문을 다시 점검하기로 했다. 아울러 매우 시급한 과제인 브랜드 재구축 작업도 착수했다.

  CST는 대규모 단합대회를 열어 회사의 결정사항을 선포하는 데 그
친 것이 아니었다. 그들은 새로운 브랜드를 만들었고 그것이 의미하
는 바를 모두에게 알렸다. CST의 홍보 담당자인 도나 벨(Donna Bell)
은 이렇게 말한다. "우리는 새로운 브랜드를 알리기 것을 커다란 이
벤트로 만들었고, 대규모 설명회도 개최했습니다. 직원들은 새로운
브랜드를 보고 흥분을 감추지 못했습니다. 우리의 그런 모습을 지켜
본 많은 사람들이 우리 브랜드에 대해 관심을 가졌습니다. 하지만 새
로운 브랜드를 알리는 우리의 주요한 노력은 개인적인 차원에서 이
루어졌습니다. 우리는 가능한 한 많은 직원들을 직접 만나 회사의 비
전을 설명해주었습니다. 그저 새로운 브랜드를 만들었다고 알리기만
한 것이 아니라 새로운 브랜드가 지향하는 새로운 사업 방식에 관해
이야기를 나누었습니다."

  이어 바비 브래들리는 다음과 같은 말을 덧붙였다. "내가 진실해야
다른 사람을 설득할 수 있고, 그 사람들에게 신뢰를 얻을 수 있습니
다. 그리고 직원들이 나를 신뢰할 때, 비로소 진정한 변화가 이루어집
니다."

조용한 급진주의자

  때로는 속삭임이 고함보다 위력적이다. 조용히 앉아서 상대방의 이

야기를 듣고 생각하고 논의할 때, 많은 시간과 비용을 들여서 시끌벅적한 단합대회를 열 때보다 더 의미 있는 결정이 나올 수 있다. 종종 아주 조용한 회의석상에서 매우 급진적인 결론이 도출되기도 한다.

나는 조지아퍼시픽(Georgia-Pacific, 미국의 제지회사)의 소비재 사업부와 다양한 작업을 함께 해왔다. 이 회사에 대해 가장 인상 깊었던 점은 새롭고 급진적인 생각들에 보이는 그들의 태도였다. 그들은 끊임없이 변화와 개선을 위한 창조적인 방법을 찾기 위해 노력했다.

그들의 회의에 참석해보면, 발표자에서부터 회의실 배치에 이르기까지 모든 것에서 창조적인 아이디어가 불쑥 튀어나올 것만 같은 느낌을 준다. 그들은 참신한 아이디어를 가진 외부 강연자를 초청해서 자신들의 녹슨 사고의 찌꺼기를 털어낸다. 회의실도 교실이나 극장 같은 전형적인 회의실 모습과는 많이 다르다. 각각의 참석자들에게는 작은 보조탁자가 딸린 푹신한 고급 의자가 제공된다. 회의실 분위기는 자못 진지하지만 그곳에는 소리 없는 열정이 넘치고 참석자들을 기분 좋게 만드는 유쾌한 전율이 느껴진다.

조지아퍼시픽의 북미지역 사장인 마이크 부란츠(Mike Burandt)는 직원들에게 낡은 생각에 도전하고 혁신을 추구해야 한다고 강조한다. 그의 일관된 메시지는, 직원들은 모든 업무에서 더 나은 방식을 찾아내야 한다는 것이다. 그는 자신이 기발한 아이디어들을 찾고 있다고 말하는 것을 좋아한다. 왜냐하면 기발한 아이디어야말로 미래의 시장을 선점하는 표준이 될 것이기 때문이다.

조직에 매우 중대하고 지속적인 변화를 가져오는 결정을 내릴 때에는 용기와 대담성이 요구된다. 마이크 브란츠를 비롯한 조지아퍼시픽의 경영진들은 과감한 결정을 내리는 사람들을 지지하는 조직 분위기를 조성하는 데 앞장서고 있다.

이것은 변화를 위한 변화가 아니다. 즉 새로운 비즈니스 유행을 좇거나 경영학자가 쓴 베스트셀러를 읽고 그대로 따라하는 변화가 아니다. 모든 일에는 항상 더 나은 방식이 있기에, 그것을 추구하는 변화일뿐이다. 조지아퍼시픽의 경영진들은 직원들이 보다 혁신적인 아이디어를 개발하여 자신들을 깜짝 놀라게 해주기를 항상 기대하고 있다. 그들은 탁월함에 관한 이야기를 하기 위해서가 아니라, 그 탁월함을 창조하기 위해 회의를 한다.

위대함은 행동에서 비롯된다

일부 기업들은 '더 높은 단계로 도약하자' 라는 주제로 회의를 하고 나서는 마치 그것을 실천이라도 한 것인 양 착각할 때가 있다. 회의를 하는 이유는 실천을 논의하기 위한 것이다. 그러므로 회의에서는 가장 먼저 자신들이 하고 싶은 것을 진심으로 하기 원하는지가 논의되어야 한다.

위대함은 결단을 요구하며, 그 선택은 결코 피할 수 없다. 그리고 선택을 하는 순간 독보적 기업이 되느냐, 되지 못하느냐가 판가름난다. 그와 같은 결정을 하는 데는 용기와 대담함이 요구되며, 상대의 눈을 똑바로 들여다보면서 "나는 준비 됐네. 자네는 어떤가?"라고 말할 수 있어야 한다.

위대함은 적절한 회의 주제나 동기부여 연사를 선정했다고 해서 나오는 것이 아니라, 회의에 참석한 사람들이 깊은 숨을 들이쉬며 "자, 지금까지 해왔던 방식은 모두 버리고, 정말로 우리가 원하는 대로 한 번 해봅시다"라고 말할 때 나온다. 그리고 그 순간에 진정한 용기와 대담함이 요구된다. 새로운 방식을 위한 자리를 마련하기 위해 기존의 익숙한 방식을 포기할 수 있어야 하는 것이다. 호텔 연회장의 열띤 분위기 속에서 전진을 선언하는 것과 사무실로 돌아와 논의된 전략을 실행하는 것은 전혀 다른 문제이다.

자리를 비워둬라

변화를 위한 작업은 처음에는 새로운 것을 채워 넣기보다는 낡은 방식을 몰아내는 것을 의미한다. 새로운 아이디어가 들어올 수 있도록 자리를 비워두는 일이 우선인 것이다. 그러기 위해서는 사업을 새로운 시각으로 바라보아야 한다. 일단 전진하기로 결정했다면 모든 것을 새롭게 관찰하고, '과연 이 방식이 아직도 유효할까?'라는 질문을 던져야 한다.

진정으로 전진하기로 결정하고 나면 모든 것이 변한다. 변하지 않았다면, 아마도 진정한 결정이 없었다고 보아야 할 것이다. 약간 비틀고 조절하고 땜질만 해서는 독보적 기업이 될 수 없다. 과거의 방식들을 모조리 허물어뜨리고 뒤집어 엎어야 한다. 탁월함을 성취하기로 했다면, 어느 정도 혼란스러워지는 것을 감수해야 하다. 조용한 변화는 변화가 아닐 수 있다. 그것은 단순히 방 안의 가구들을 재배치해놓은 것과 같을 뿐이다. 진정 새로운 집을 만들기로 결정했다면 가구의 위치만 바꾸는 것이 아니라 그것을 모조리 내다버려야 한다. 그럴 때, 누가 진정으로 변화에 동참하고 있는지를 알 수 있다.

이는 전진을 결정하는 과정의 일부이지만 종종 잊어버리거나 완전히 무시되고 있다. 한편 모든 직원들이 변화를 위해 열정적으로 노력할 것이라고 막연히 믿고 싶어하는 경향도 있다. 전진을 위한 결정은 모든 팀원들이 전력을 다해서 실천해야만 성공할 수 있다. 그런데 팀원 중에는 그와 같은 결정에 진심으로 동의하지 않는 사람이 있게 마련이다. 어쩌면 그 결정에 강하게 반대한 사람도 있었을 것이다.

기업이 업무를 추진할 때마다 직원들의 투표를 거쳐서 의사결정을 해야 한다는 말은 아니다. 그러나 기업이 탁월함을 성취하고 새로운 단계로 도약하기 위해서는 모든 직원들의 헌신적 노력이 필수적이다. 누구나 한두 번쯤은 자신이 반대하는 팀의 결정을 따랐던 적이 있을 것이다. 하지만 비록 다른 방식을 더 선호했다 하더라도 일단 결정이 내려지면, 모두가 한 방향으로 전력을 다해 움직여야 한다.

한 시간? 일 년? 혹은 영원히?

전 조직 구성원이 전진을 위한 결정을 내리는 데 어느 정도의 시간이 걸릴까? 그 시간은 기업의 규모와 의사소통 정도, 리더의 능력, 기타 여러 가지 요소에 따라 다를 것이다. 한 시간, 일 주일, 일 년, 어쩌면 영원히 어려울지도 모른다. 각각의 조직에 따라 다양한 시나리오가 나올 수 있다.

일을 추진하는 데 필요한 최소한의 사람들이 결정에 동참하도록 하기까지 시간이 얼마나 걸릴지는 대개 조직의 규모에 따라 좌우된다. 두세 명의 인원이 전부라면 한 시간 만에 중대한 결정을 내릴 수도 있고, 직원이 5천 명이라면 당연히 더 많은 시간이 걸릴 것이다. 모든 직원들이 전진의 결정에 참여한다면 두말할 필요 없이 가장 이상적이다. 그러나 규모가 큰 조직일수록 그럴 가능성은 낮다.

끝이 없는 과정

퀄의 경우, 전진을 위한 결정은 지속적으로 이루어지는 과정이다. 이 점에 대해 래리 모스는 다음과 같이 말한다. "직원들에게 회사의 비전에 대해 끊임없이 이야기합니다. 우리는 의사소통이 얼마나 중요한지 잘 알고 있으며, 직원 교육과 리더십 모델, 그리고 조직의 구체적인 목표 설정을 통해서 그것을 뒷받침하고 있습니다. 또한 긍정적이고 적극적인 행동을 한 직원을 포상하고 성과가 있을 때마다 축하를 해줍니다."

전진하기로 결정하는 일은 끝이 없는 과정이다. 왜냐하면 기업이 간판을 내걸고 있는 한 계속해서 그런 결정을 필요로 하기 때문이다. 기업이 시장에서 성공을 거두는 순간 시장의 상황은 바뀌고, 기업은 새로워진 현실에 맞게 또 다른 결정을 내려야만 한다. 성공이라는 목표는 정지해 있지 않고, 영원히 좇을 수밖에 없는 대상이다. 더 좋은 방식이 있다는 사실을 깨달으면 그것이 또 새로운 동력이 된다. 성공을 축하하지 말라는 의미는 아니다. 당연히 기쁨을 만끽해도 좋다. 하지만 어제의 성공에 도취되어 거기에 안주해서는 안 된다. 샴페인을 터뜨리기엔 아직 이르다. 정말로 신나는 일은 늘 다음 차례에 오지 않는가.

02
자신이 누구인지를 분명히 하라

나는 누구인가?

기업들 대부분이 제대로 답변하지 못하는 난감한 질문이 있다. 그것은 '당신은 누구인가?' 이다.

이런 질문을 고객들에게 던지면, 반응은 주로 이런 식이다. "그게 대체 무슨 뜻이죠?" 혹은 "우리는 ＿＿＿를 만듭니다(팝니다)." 이렇게 대답하는 사람들에게는 좀더 구체적인 질문을 해야 한다. 가령 무엇을 가장 중요하게 여기는지, 주요 관심사가 무엇인지, 당면한 문제가 무엇인지, 어떤 사업을 하는지, 왜 매일 일하러 나오는지, 일이 자신에게 의미하는 것은 무엇인지, 언제 자부심을 느끼는지, 일을 하면서 가장 중요하게 여기는 것이 무엇인지 등이 그것이다.

이런 질문들에 대해서 여전히 "무슨 말인지 잘 이해가 안 되는군요"라고 대답하는 사람도 있다. 바로 이것이 문제이다. 자신이 누구인지에 대해 명확한 인식이 없고, 무엇이 정말 중요한지, 사업의 목적이 무엇인지를 알지 못한다면, 그것을 알고 있는 경쟁자와 경쟁하기는 불가능하다.

우리는 지금 목적의식에 관해 이야기하고 있다. 나와 함께 일했던 독보적 기업들은 하나같이 자신들의 사업 '대상' 뿐만 아니라 사업 '목적'에 대해서도 아주 명확하게 규정하고 있었다.

여러분은 어떤 사업 목적을 가지고 있는가? 혹자는 돈을 벌고 이윤을 창출하는 것이 제일 중요하다고 말한다. 이 말은 곧 인생의 목적이 먹는 것이라는 말과 같다. 사실은 그와 정반대이다. 물론 삶을 유지하려면 먹어야 하고 사업을 계속하려면 이윤을 창출해야 한다. 그렇지만 먹는 것과 이윤 창출이 목적일 수는 없다. 이윤 창출이 기본적이고 필수적이라는 사실은 누구나 동의하는 것이다. 따라서 문제는 이윤을 창출하는 최선의 방법이 무엇이냐 하는 것이다.

기업문화

"우리는 특별히 문화란 게 없어요. 문화보다는 실행을 중요하게 생각합니다" 나와 함께 일했던 어떤 기업의 CEO는 이렇게 말했다. 물론 그 회사가 문화보다 실행을 더 중요하게 생각했을 수 있다. 하지만 이들에게도 엄연히 문화가 존재한다. 문화는 곧 '일을 하는 방식'이다. 그것을 말로 표현하든 하지 않든 간에 문화는 지켜야 하는 기업 내부의 규칙이다. 사장이 자리를 비웠을 때 직원들이 행동하는 방식이 바로 그 기업의 문화이다.

따라서 기업문화가 있는가 없는가는 문제가 아니다. 그 문화가 의도적으로 만들어졌는지 아니면 우연히 만들어졌는지, 그리고 현재의 문화가 정말로 자신이 원하는 문화인지 원하지 않는 문화인지가 중요한 것이다. 현재 여러분의 기업문화는 여러분이 정말로 원하는 것인가?

시간 낭비가 아니다

언젠가 나는 한 출판사로부터 브랜드 구축을 도와달라는 요청을 받은 적이 있다. 나는 브랜드란 광고나 로고의 문제가 아니라고 생각한다. 그것들은 단지 브랜드에 관한 이야기를 전달하는 수단일 뿐이다. 본질적으로 브랜드는 자신이 누구이고, 고객에게 어떤 약속을 했고, 그리고 그 약속을 이행할 능력이 있는지에 관한 것이다.

당시 나는 그 출판사의 간부급들과 만나 '나는 누구인가?' 라는 질문으로 논의를 시작했다. 30분쯤 지났을까. 부사장이 나의 의중을 꿰뚫었다는 듯이 확신에 찬 목소리로 이렇게 말했다. "이런 식의 토론은 순전히 시간 낭비일 뿐이오." 그는 철학 강의 같은 논의는 당장 집어치우고 전략과 실행에 관한 문제를 논의해야 한다고 호기 있게 말했다. 기업의 컨설턴트로서 흔히 겪는 아주 불편한 순간 중의 하나였다. 회의 참석자들의 시선이 일제히 내 쪽으로 쏠리면서 내가 어떻게 대답할지 숨을 죽인 채 지켜보고 있었다. 나는 크게 심호흡을 한 다음 천천히 입을 뗐다. "옳으신 말씀입니다. 그럼 자신이 누구인지, 무엇이 중요한지, 목표가 무엇인지 하는 따위의 문제들은 제쳐두고 전략과 실행에 대한 논의로 곧장 들어가죠. 모두 동의하십니까?"

그때 누군가가 끼어들었다. "잠깐! 우리가 누구이며 무엇이 중요한지도 모르는 상태에서 어떤 전략을 취해야 할지 어떻게 알 수 있겠습니까?" 그 사람 덕분에 본질적인 사항에 대한 논의가 재개되었다. 이날 회의는 사업의 의미에 대한 탐구뿐 아니라 그와 같은 탐구가 어떤 가치가 있는가 하는 문제까지 함께 논의하는 자리가 되었다. 회의가 끝난 뒤 사장이 내 쪽으로 다가와 나직한 목소리로 이렇게 말했다. "이 출판사에 몸담은 지 20년이 지났지만 오늘처럼 뜻깊은 토론은 처음이었소. 예전에는 미처 깨닫지 못했던 거대한 무언가가 우리에게 내재해 있다는 걸 느꼈다오."

공통된 초점을 가진 사람들

기업의 관리자들을 만나면, 나는 종종 이런 질문을 던져본다. "당신은 자신이 이끄는 팀이 뛰어나다고 생각합니까?" 사실 질문을 받는 대부분의 관리자들은 자신의 팀이 뛰어나다고 믿고 있다. 하지만 팀을 정의하자면 공통된 초점을 갖고 있고 목적이나 비전을 공유하는 사람들의 집단을 의미한다. 즉 모두가 '자신이 누구인지'에 대한 동일한 인식을 갖고 있어야 한다. 이는 그 팀의 아무에게나 접근해서, "팀으로서 그들은 누군인가?"라는 질문을 했을 때 즉각적인 대답을 얻을 수 있다는 것을 의미한다. 그들은 누구보다 그 질문에 쉽게 답할 수 있어야 한다.

그런데 대부분의 직원들은 "자신이 누구인가?" 혹은 "여기서 중요한 것은 무엇인가?"라는 질문에 명쾌하게 대답하지 못한다. 왜냐하면 지금껏 그런 이야기를 해본 적이 없기 때문이다. 하지만 그것은 항시적으로 이야기되어야 하는 것이다. 그리고 모든 조직의 구성원들에게 자신이 누구이고, 조직의 목표가 무엇인지를 계속해서 상기시키는 것이 리더십의 본질이다. 하지만 유감스럽게도 리더의 위치에 있는 많은 사람들이 리더십과 관리를 혼동하는 경향이 있다. 관리가 조직을 어떻게 운영할 것인가의 문제라면, 리더십은 조직의 존재 이유와 목표를 제시하는 것이다.

점수판을 볼 때가 아니다

야구 경기를 할 때, 훌륭한 코치는 선수들에게 "경기에 들어가면 점수판을 주시하라"라고 말하지 않는다. 점수판에 신경 쓰는 사이에 상대 팀이 공격해 오기 때문이다. 선수들이 해야 할 일은 경기에 집중하는 것이며, 그러다 보면 점수는 자연스레 올라갈 것이다. 다만 선수들이 최고의 기량을 발휘할 수 있게 하려면 실제적인 경기 기술뿐만 아니라 확고한 목표의식을 갖도록 훈련시켜야 한다.

목표의 힘

언젠가 나는 한 고등학교 학생들을 대상으로 자신이 하는 일에 높은 목표를 부여해야 한다는 내용으로 강연을 한 적이 있었다. 고상하고 철학적인 목표가 아니라 현실적이고 실질적인 목표에 관한 내용이었다. 강연을 마친 뒤에 학생들과 질의응답 시간을 가졌다.

한 여학생이 일어나 고등학교 때 기하학과 대수학을 배웠냐고 물었다. 나는 그렇다고 대답했다. 문득 그 여학생이 화학에 대해서도 궁금해할 것 같아서 화학도 배웠다고 덧붙였다. 그러자 다시 그 여학생은 학교에서 배운 그런 지식을 직장에서나 일상생활에서 써본 적이 있는지 물었다.

나는 기하학이나 대수학, 화학 시간에 배운 공식과 법칙을 학교를 졸업한 이후에는 한번도 써본 적이 없다고 말했다. 그러자, 왜 전혀 쓸모도 없는 과목을 수업 시간에 배워야 하느냐는 질문이 돌아왔다. 나는 이렇게 대답했다. 수업을 통해 배우는 것은 공식이나 법칙만이 아니라 생각하는 방법이다. 즉, 주어진 지식을 활용해 문제를 해결하는 방법을 배우는 것이다. 그리고 그러한 목표를 달성하기 위해서는 공부나 숙제 같은 하기 싫은 일도 해야 한다. 대수학 자체가 공부의 목표는 아니다. 더 중요한 목표는 그것을 통해 생각하는 법을 배우는 것이다.

내 강연을 들으러 온 학생들 가운데 맨 앞줄에는 그 학교의 풋볼 팀 선수들이 모여 앉아 있었다. 나는 그 학생들을 향해 매일 운동을 하는 이유가 무엇이냐고 물었다. 다시 말해 운동을 하는 목표가 근육을 키우는 것이냐고 물어보았다.

그러자 학생들은 이구동성으로 아니라고 대답했다. 그러면 운동의 진정한 목표는 무엇인가? 하루도 쉬지 않고 체육관에 모여 별 재미도 없는 운동을 하는 이유가 무엇인가?

한 학생은 힘을 기르기 위해서라고 대답했고, 다른 학생은 경기에서 자신의 역할을 더 잘 해내기 위해서라고 말했다. 이 때 또 다른 학생이 근육질의 몸매로 여학생을 꾀기 위해서라고 대답하자 학생들 사이에서 웃음이 터져 나왔다. 모두 맞는 말이다. 중요한 것은, 우리가 하는 일의 진정한 의미를 알고 그 일 자체를 넘어 더 큰 목표를 갖는다면, 일을 더 잘할 수 있는 것은 물론이고 그 과정에서 더 큰 만족을 얻게 된다는 사실이다.

사명 선언문

대부분의 기업들은 사명 선언문이나 비전 선언문이 있다. 예를 들면 '품질 좋은 제품과 서비스를 제공하는 마켓 리더(market leader)가 된다', '주주들에게 높은 수익을 보장한다', '직원들의 잠재력을 키워주는 좋은 직장이 된다' 등등의 선언이 그것이다. 이 가운데에는 전혀 감동을 주지 못하고 실제적이지도 못한 사명 선언문도 있다. 사명 선언문을 갖는 것은 좋은 일일 뿐만 아니라 필요한 일이기도 하다. 하지만 그것이 실제 사업의 본질과 거리가 있고 조직 구성원 각자의 가슴에 와닿지 않는다면 무슨 소용이 있을까?

나는 한때 전국 각지에 병원을 둔 한 의료법인의 컨설팅을 맡은 적이 있다. 회의가 있던 날 아침, 사장이 훈시를 하는 동안 회사 측에서는 자신들의 사명 선언문을 대형 스크린에 비추고 있었다. 그 사명 선언문은 근사한 문구들로 채워진 지극히 형식적이고 뻔한 내용이었다. 내 차례가 돌아오자, 나는 강단으로 올라가 직원들에게 앞에 보이는 사명 선언문의 의미를 말해줄 사람이 있느냐고 물었다. 유감스럽게도 질문에 답하는 사람이 한 명도 없었다. 직원들은 나의 지목을 받지 않으려고 눈길을 애써 피하기까지 했다.

나는 질문 내용을 약간 바꿨다. 모임에서 누군가가 여러분의 회사에 대해 물어보면 뭐라고 설명할 것인지 말해보라고 했다. 이번에도 좌중은 쥐 죽은 듯이 고요했다.

나는 하는 수 없이 마지막 줄에 앉은 한 여성을 지목하여 자신이 생각하는 사명 선언문의 의미를 간단히 말해보라고 했다. 그녀는 한참을 머뭇거리다가 "원하시는 답이 있는 것 같은데, 솔직히 어떻게 대답해야 할지 잘 모르겠어요"라고 말했다. 나는 단지 이 회사의 사명 선언문에 대한 직원 각자의 생각을 알고 싶을 뿐 정답은 없다고 그녀를 안심시켰다. 그런데도 계속 묵묵부답이었다. 그래서 나는 어떻게 회사의 사명 선언문이 의미하는 바도 모르면서 몇 년씩 관리자로 일해 왔는지 이해할 수 없다는 투로 그녀를 자극했다.

자존심이 상한 그 여직원은 의자에서 벌떡 일어나더니 나를 똑바로 쳐다보며 소리쳤다. "우린 아픈 사람들을 도와줍니다, 됐습니까?"

맙소사! 아무튼 이제야 겨우 대화가 이루어졌다. 기업의 사명 선언문 중에는 별 의미가 없는 것이 있는가 하면, 강한 공감을 자아내는 것도 있다. 그리고 당신이 어떤 사업을 하는지를 머리로 이해하는 것과 사업의 목적이 무엇인지를 마음으로 이해하는 것 간에는 상당한 차이가 있다.

나는 다시 사명 선언문의 내용을 알고 있고, 그것이 매일 아침 회사로 일하러 나오는 중요한 동기라고 생각하는 사람은 손을 들어보라고 했다. 아무도 손을 들지 않았다. 그러면 '회사가 아픈 사람을 돕는다'고 생각하는 사람은 손을 들어보라고 했다. 사장을 포함해 그곳에 모인 사람들 모두가 손을 들었다. 그때 내가 이렇게 말했다. "바로 그겁니다. 이제 당신들이 모두 동의하는 사명이 생겼습니다."

강한 언어로 표현하라

중요한 생각을 강한 언어로 표현하기를 주저한다는 점이 많은 기업들이 지니고 있는 약점이다. 기업들은 부적절하다는 비난을 들을까봐 무난하고 특색 없는 사명 선언문을 작성하는 경우가 많다.

기업들이 사명 선언문을 작성하는 방식은 대개 유사하다. 회사 간부들이 컨설턴트와 함께 회사에서 희망하는 온갖 내용을 담아 사명 선언문을 만든다. 그들이 만든 사명문은 인생에 대한 은유에서 시작해 결국 시장을 주도하는 위치에 서고, 주주에게 높은 이익을 준다는 무미건조한 내용으로 끝을 맺는다. 이 얼마나 딱한 노릇인가!

정말로 안타까운 점은, 그렇게 만든 사명 선언문이나 비전 선언문이 누구에게도 의미를 전달하지 못한다는 사실이다. 사람들을 감동시키지 못하는 사명 선언문이 무슨 소용이 있단 말인가. 자신의 회사, 직원, 고객, 그리고 자신의 업무에 강한 애착을 느낀다면 '강한' 언어를 구사해야 한다.

나는 최근 비전 선언문을 사무실 벽에 붙여놓은 한 기업을 방문한 적이 있는데, 다음과 같은 내용이 특히 눈길을 끌었다. '우리는 관료주의를 배척한다', '불합리한 관행은 모두 없앤다.' 그들은 물론 '효율적인 조직이 되기 위해 업무 과정과 절차를 개선한다' 라고 써놓을 수도 있었다. 하지만 그렇게 쓰면 문구에 아무런 느낌이 없고 직원들의 마음도 움직이지 못할 것이다.

강하고 효과적으로 표현된 사명 선언문의 또 다른 예는 이런 내용이다. '더 이상 배울 게 없다면 다른 일자리를 찾아서 떠나라.'

이 사명 선언문은 '부단한 자기계발' 이나 '잠재력의 실현' 이라고 표현할 수도 있었을 것이다. 하지만 이 같은 형식적인 표현은 '더 이상 배울 게 없다면 다른 일자리를 찾아서 떠나라' 라는 문구만큼 강력한 의미를 전달하지 못한다. 이 문구는 이해하기가 아주 쉬우며, 기업의 중요한 생각을 강력한 언어로 표현하고 있기 때문에 대단히 효과적이다.

비전 VS 제품

렌즈크래프터(LensCrafters)는 내가 가장 좋아하는 기업 중 한 곳이다. 나는 수년 동안 랜즈크래프터의 컨설턴트로 일했고, 오래전부터

이 회사에서 만든 안경을 착용해 왔다. 그렇지만 내가 여러 해에 걸쳐 구매했던 것은 단지 안경만이 아니었다. 이 기업은 안경을 판매하는 것도 물론 중요하지만, 고객이 잘 볼 수 있도록 도와주는 것이 더 중요하다고 말한다. 언뜻 생각하면 별것 아닌 것 같지만 그 차이는 실로 엄청나다.

미국과 캐나다에 수백 개의 점포를 보유한 렌즈크래프터는 경쟁이 치열한 안경 소매업계에서 선두를 달리고 있는 기업이다. 렌즈크래프터는 룩소티카(Luxottica) 그룹의 계열사이며, 룩소티카는 중고급 안경테와 선글라스를 디자인, 생산, 판매하는 기업으로 이탈리아에 본사를 두고 있다.

사람들에게 렌즈크래프터가 무슨 사업을 하는지 아느냐고 물어보면 십중팔구는 안경을 판다고 대답한다. 사실이다. 렌즈크래프터는 주로 쇼핑몰에 입점한 점포를 통해 안경을 판매하고 있다. 그런데 정말로 렌즈크래프터에 관해 묻고 싶은 것은 다음과 같다. "소매업을 하는 것이 그들 자신과 고객, 그리고 사회를 위해 최선의 길인가?" "사업의 수익성 측면에서 볼 때, 소매업을 하는 것이 돈을 버는 최선의 방법인가?"

나는 무엇이 렌즈크래프터로 하여금 지금과 같은 방식으로 그들의 사업을 보게 했는지 알지 못한다. 하지만 렌즈크래프터가 자신이 누구이고, 무엇을 지향하며, 사업의 목표가 무엇인지에 대해 분명한 인식을 갖고 있다는 사실은 누구보다도 잘 알고 있다.

렌즈크래프터는 자신들의 사업 목표를 감동적인 문구로 집약했다. 그 목표는 때때로 미묘하게 느껴질 때도 있지만 강력한 힘을 발휘한다. 그것은 명확하게 이해되고 진실하게 느껴지는 사업 목표의 진술이다. 또한 직원들을 매료시키는 요인도 바로 그것이다.

렌즈크래프터의 비전은 아주 단순하다. '우리는 사람들이 세상을 더 환하게 보도록 돕는 데 최고가 되고자 한다.'

한편 렌즈크래프터는 자신들의 비전을 구체적으로 표현했는데, 그것은 다음과 같다. '감동적인 고객 서비스를 통해 평생 고객을 만들고, 최고의 직장에서 직원들의 능력을 개발하고 활력을 불어넣으며, 한 시간 이내에 우수한 품질의 안경을 제작하고, 개별적인 고객 니즈를 충족시키는 탁월한 가치를 제공함으로써 최고가 된다.' '고객이 어디서든 편리하게 이용할 수 있도록 하고, 안경에 관한 한 타의 추종을 불허하며, 경쟁업체들보다 더 많은 고객을 확보하고, 도움이 절실히 필요한 사람들에게 시력을 선물함으로써 세상을 더 잘 볼 수 있도록 돕는다.'

렌즈크래프터즈의 진정한 힘은 '도움이 절실히 필요한 사람들에게 시력을 선물해준다' 라는 마지막 진술에 있다. 렌즈크래프터의 직원들을 바로 이 말에 매료되어 있다. 거기에는 단순히 안경을 파는 것 이상의 의미가 내포되어 있기 때문이다. 그들은 안경을 판매하는 것보다 더 큰 목표를 갖고 있는 것이다.

렌즈크래프터는 좋은 시력을 갖는 것은 사치가 아니라 인간의 가장 기본적인 권리라고 믿고 있다. 1988년에 '시력 선물(Give the Gift of Sight)' 이라는 자선 프로그램을 내놓으면서, 미국과 세계 25개 개발도상국에서 2백만 명이 넘는 불우한 사람들에게 지속적으로 도움을 주고 있다. 렌즈크래프터 소속 안과의사와 직원들은 라이온스 클럽과

제휴해 낡은 안경을 수집하여 재활용하고, 개발도상국에서 안과 진료를 실시하고, 건강 박람회에서 시력검사를 해준다. 그리고 각 점포와 두 대의 이동식 차량(Vision Van)에서는 안경을 필요로 하는 사람들을 선정해 새 안경을 선물한다. 올해까지 렌즈크래프터의 목표는 전세계 3백만 명의 사람들에게 '시력 선물'을 주는 것이다.

렌즈크래프터는 훌륭하고 가치 있는 목표를 추구하는 기업이다. 하지만 자선사업에 참여하고 지역사회를 위해 좋은 일을 하는 기업은 렌즈크래프터 말고도 많이 있다. 사실 오늘날 지역사회에 대한 봉사는 기업이 갖추어야 하는 필수 덕목이 되었다. 그런데도 렌즈크래프터라는 기업이 유독 특별하게 여겨지는 이유는 뭘까? 그 해답은 바로 직원들의 태도와 그들이 하는 일에 대한 접근 방식에서 찾을 수 있다.

웃음을 찾아주다

매년 시력 선물을 받는 사람은 50만 명에 이르는데, 대다수가 요양원이나 보호시설에 있는 사람들과 빈민지역의 학생들이다. 렌즈크래프터 자원봉사자들은 '시력 선물' 프로그램을 통해서 지역사회의 소외 계층들에게 다가간다. 자원봉사자들은 요양원과 보호시설에서 생활하는 사람들 중에 시력이 맞지 않는 안경을 낀 사람들이 많다는 사실을 알고 있다. 안경을 여러 해 동안 계속 착용하면 시력에도 상당한 변화가 생기기 때문이다.

이런 문제를 해결해주다 보면 또 다른 보람을 느낄 수 있다고 렌즈크래프터의 한 관리자는 말한다. "요양원을 방문할 때마다 항상 느끼는 거지만, 그 사람들이 절실히 필요로 하는 것은 안경 교정보다 웃음입니다. '시력 선물' 프로그램을 통해서 저는 그 사람들에게 잃어버렸던 웃음을 찾아주려고 합니다."

더 잘 볼 수 있도록 돕다

운 좋게도 나는 렌즈크래프터에서 주최하는 모임에 참석할 기회가 여러 번 있었다. 규모가 큰 연례 점장 회의도 그 중 하나이다. 대부분의 기업 행사처럼 이 회사에서 여는 모임도 단합대회 성격이 짙으며, 장소는 호텔 연회장에서 진행되었다.

한 가지 가장 인상 깊었던 점은 점장 회의 개회식 장면이었다. 룩소티카 소매 부문 전무이사인 프랭크 베인햄(Frank Baynham)이 제일 먼저 점장들을 상대로 연설을 시작했다. 이날의 연설은 '우리가 누구인지 기억합시다!' 라는 단 세 마디로 요약할 수 있을 것이다. 베인헴 이사는 판매나 매출, 이윤에 관해서는 한 마디도 언급하지 않았다. 다른 기업에서는 좀처럼 보기 어렵고, 생각할 수도 없는 일이었다. 자신들이 누구이고, 지향하는 바가 무엇이며, 어떤 목표를 갖고 있는지가 그가 언급한 주요 내용이었다. 베인헴이 숫자를 언급한 경우는 렌즈크래프터의 도움으로 시력이 개선된 사람의 숫자를 말할 때뿐이었다.

연설이 끝나자 두 편의 비디오 상영이 이어졌다. 한 편은 샌프란시스코 JFK 공항에서 뉴욕으로 향하는 렌즈크래프터의 고객에 관한 내용이었다. 그 고객은 가족과 함께 유럽으로 2주간 휴가여행을 가는 길이었고, 뉴욕을 경유할 예정이었다. 그런데 비행기가 샌프란시스코를 이륙한 직후, 그 고객이 바닥에 떨어뜨린 안경을 누군가가 밟는 바람에 안경이 완전히 못 쓰게 되어버렸다.

고객은 가능한 모든 방법을 생각하다가 기내 전화로 샌프란시스코의 렌즈크래프터 직원에게 사정을 설명하고 도움을 요청했다.

고객의 전화를 받은 직원은 최선을 다하겠다고 대답하고 해결책을 생각해냈다. 그 해결책은 비행기가 뉴욕에 잠시 착륙할 때 뉴욕 주 롱아일랜드에 있는 지점의 직원이 그 고객에게 맞는 새 안경을 전해주는 것이었다.

비디오가 끝나자 한참 동안 환호가 울려 퍼졌다. 비디오 속의 이야기는 '자신이 누구인가'에 대한 핵심, 즉 사람들이 세상을 더 잘 볼 수 있도록 돕는다는 메시지를 생생히 떠올리게 했음이 분명했다. 렌즈크래프터라는 기업이 여느 안경 소매기업과 크게 다를 바 없다 해도, 그와 같은 일이 일어날 가능성은 충분히 있다. 하지만 단순히 제품을 판매하는 것을 넘어 '사람들이 세상을 더 잘 볼 수 있도록 돕는다'라는 렌즈크래프터의 기업 목표는 직원들의 긍지와 사기를 드높였고, 이것이 탁월한 행동으로 이어지도록 했을 것이다.

두 번째 비디오는 죽음을 앞두고 있는 어느 조산아에 관한 이야기였다. 이 아기의 복합적인 신체장애 중 하나는 시력 문제였다. 그래서 그 지역의 렌즈크래프터는 아기의 소식을 들은 뒤 담당 의사와 협의하여 아기를 위해 아주 작은 안경 하나를 제작했다. 비디오에 등장한 아기의 부모는 특수 제작한 안경을 낀 다음부터 아기가 사람을 잘 알아본다며 감격의 눈물을 흘렸다. 이들은 자신의 아기가 눈을 감기 전에 엄마 아빠를 또렷이 볼 수 있게 해주어서 고맙다는 내용의 감사 편지를 보내왔다.

비디오가 끝나자 강당에 모인 사람들은 모두 숙연해졌고, 여기저기서 훌쩍거리는 소리가 들렸다. 물론 이 비디오는 사람들의 심금을 울리고 감동을 주기 위해 제작된 것이 아니었다. 그것은 바로 '우리가 누구인지 기억하자', '우리는 사람들이 더 잘 볼 수 있도록 도움을 준다' 라는 렌즈크래프터의 핵심 메시지를 전달하기 위한 것이었다.

돌아오는 비행기 안에서 렌즈크래프터의 점장 한 사람이 내 옆자리에 앉았다. 그는 자신의 업무에 대해서 그리고 왜 자신의 일을 사랑하는지에 대해서 이야기하다가 다음과 같은 의미심장한 말을 했다. "저는 평소 의료 분야에서 일하면서 사람들을 돕고 싶었습니다. 사실은 내과의사나 치과의사가 되고 싶었지만, 대신 렌즈크래프터에서 일하게 되어 무척 행복하답니다. 시력이 나쁜 사람들이 세상을 좀더 환하게 볼 수 있도록 도움을 줄 수 있기 때문이죠." 렌즈크래프터의 이 점장은 자신을 일개 점포 관리자로만 생각하지 않고, 사람들의 시력 개선을 돕는 의료인이라는 자부심을 갖고 있었다.

마음의 눈을 선물받다

'시력 선물' 프로그램에 열심히 참여하는 렌즈크래프터의 점장 한 사람은 자신의 경험담을 이렇게 털어놓았다. "시력을 선물하는 일이 단순한 봉사활동이라고는 생각하지 않습니다. 그건 당연히 제가 해야 할 의무거든요. 도움의 손길이 절실한 사람에게 지역 단체와 협력하여 도울 수 있다는 것은 커다란 축복이죠."

렌즈크래프터 소속 안과의사들은 '시력 선물' 프로그램 덕분에 자신들이 오히려 혜택을 받았다고 생각한다. 이에 대해 한 여의사는 이런 말을 했다. "저도 오늘 시력 선물을 받았답니다. 뭐랄까, 세상을 보는 마음의 눈을 선물받은 거죠. 생전 처음으로 고개를 들고 시계 바늘을 똑바로 쳐다보던 어린 여자아이의 표정이 어찌나 사랑스럽던지…… 그 감동은 이루 말로 다 표현할 수 없었어요. 새 안경 덕분에 혼자 힘으로 편지를 쓸 수 있게 된 한 남자의 경우도 마찬가지고요."

직업이 단순한 직업 이상의 의미를 갖는다는 것은 이제는 진부한 개념이다. 렌즈크래프터의 직원들은 자신들의 직업을 사명으로 받아들이고 있으며, 그것은 그들이 하는 모든 일에 의미를 부여한다. 다시 말해, 그들은 자신들이 누구인지를 분명히 알고 있다!

자신이 누구인지 기억하라

어느 통신회사의 관리자 한 사람이 자기 아버지 이야기를 내게 들려준 적이 있다. 그 사람의 아버지는 자식들에게 '자신이 누구인지 아는 것'의 중요성을 누누이 강조했으며, 조부모와 증조부모는 물론이고 앞서 간 선조들에 대한 이야기와 여러 세대를 거쳐 전해 내려온 집안의 가훈을 반복해서 들려주곤 했다고 한다. 그 집안의 가훈은 정직, 성실, 예의바름과 같은 지극히 건전한 원칙들이었다. 아버지 덕분에 그는 이미 십대 때부터 자신이 누구이고, 또 한 가족의 일원이 된다는 것이 무엇을 의미하는지를 깨닫게 되었다고 한다.

그런데, 한편으로 자신이 누구인지를 안다는 것은 수많은 행동의 제약을 가져오기도 했다. 처음 운전면허증을 취득했을 때가 그런 경우였다. 그는 면허증을 딴 첫 주말 밤에 아버지의 차를 몰고 거리를 쏘다니면서 친구들과 맘껏 즐겨볼 심산이었다. 드디어 계획했던 토요일 밤에 들뜬 기분으로 현관문을 나서려는데, 펼쳐 든 신문 너머에서 아버지의 나지막한 목소리가 들려왔다. "재미있게 놀다 오렴. 하지만 아들아, 네가 누구인지 잊어선 안 된단다!"

'자신이 누구인지 잊어서는 안 된다' 는 아버지의 말을 듣는 순간, 마음껏 도로를 질주하려던 그날 밤의 계획은 이내 김이 새고 말았다. 그 관리자의 아버지는 이와 같이 어렸을 때부터 자식들에게 목적의식과 정체성을 심어주었고, 그로 인해 자식들은 어떤 행동을 하기에 앞서 항상 자신이 누구인지를 돌아보는 습관이 몸에 배었다고 한다.

미리 원칙을 정해둬라

자신이 누구인지, 무엇이 중요한지 분명히 알고 있는 기업은 올바르고 신속하게 의사결정을 내릴 수 있다. 반면 목적의식이 없는 기업은 전략적 결정을 내려야 하는 순간마다 모든 일을 처음부터 다시 시작해야 하는 어려움을 반복해서 겪곤 한다. '어디로 가야 할지 모른다면, 여러 갈래의 길을 놓고 갈팡질팡하게 마련이다'라는 말이 있다. 기업도 마찬가지다. 자신이 누구인지도 모르는데, 어떤 결정을 내려야 할지 어떻게 알 수 있겠는가.

기업이 목적의식과 정체성을 갖고 있으면 훨씬 더 수월하고 효과적으로 의사결정을 내릴 수 있다. 개인도 마찬가지다. 「문스트럭(Moonstruck)」이라는 영화를 보면, 자신이 누구인지 알고 있을 때 결정을 내리기가 쉽다는 것을 보여주는 장면이 나온다. 레스토랑에서 우연히 만나 우정이 싹튼 페리와 로즈의 경우가 그렇다. 페리는 로즈를 집 앞까지 바래다주며 이런 대화를 주고받는다.

페리 : 잠깐 들어가면 안 될까요?

로즈 : 안 돼요.

페리 : 누가 있나 보군요?

로즈 : 아무도 없어요. 하지만 난 이미 결혼했기 때문에 당신을 초대할 수 없어요. 난 내가 누구인지 잘 알거든요.

어려운 결정의 순간에 어떤 식으로 행동해야 할지 어떻게 알 수 있는가? 올바르게 행동하고 싶은데, 무엇이 올바른 것인지 또 어떻게 알 수 있는가? 필 반 후저(Phil Van Hooser)라는 내 친구는 이럴 때 미리 결정을 해두라고 충고한다.

한때 야구 심판이 되고 싶어했던 그 친구는, 좋은 심판이 되려면 일관된 판정을 내릴 수 있어야 한다는 말을 자주 했다. 심판은 홈 플레이트 뒤에 서서 항상 동일한 기준으로 스트라이크와 볼을 판정해야 한다는 것이다.

일상생활이나 사업에도 이와 동일한 원칙이 적용된다. 자신의 자리를 미리 정해둔다면, 설령 어려운 문제가 닥치더라도 크게 고민할 필요가 없다. 까다로운 문제에 대해 당신은 이미 그 해답을 알고 있기 때문이다.

컨설턴트인 나 역시 생활을 단순화하기 위해 미리 정해둔 원칙 하나가 있다. 저녁식사 후의 강연은 맡지 않는다는 것이 바로 그것이다. 개인적으로 식후 강연을 좋아하지도 않거니와 잘 하지도 못한다. 만일 그때그때의 상황에 따라 일을 맡을지 여부를 결정한다면, 돈을 더 벌고 싶은 욕심 때문에 식후 강연 약속을 쉽게 거절하지 못할 게 틀림없다. 하지만 마음속으로 미리 원칙을 정해놓고 나면, 새로운 결정을 내릴 필요 없이 정해놓은 대로 행동하면 된다.

이처럼 독보적 기업들은 자신들이 미리 정해놓은 원칙에 따라 어떤 사업은 하지 않고, 어떤 부류의 고객과는 접촉하지 않기로 결정한다. 그리고 이 모든 결정들은 자신이 누구이고, 또 무엇이 중요한지를 명확히 하는 것에서 출발한다. 목표를 설정하는 것도 그와 동일한 효과가 있다. 어떤 사람들은 목표 설정의 효과를 믿지 않는다고 말하기도 한다. 해도 그만, 안 해도 그만이라는 것이다. 하지만 그런 생각은 중요한 포인트를 간과하고 있다.

목표 설정은 분명히 효과가 있다. 예컨대 내년에 콜로라도 강에서 급류타기에 도전하기로 마음먹었다고 치자. 그리고 하루도 빠짐없이 그 목표를 마음속에 되새긴다. 그때까지는 다른 물건들을 사고 싶은 유혹을 떨쳐내야 한다. 자신이 가장 원하는 것은 콜로라도 강에서의 급류타기에 도전하는 것이고, 그 목표를 이루려면 우선 돈을 모아야 하기 때문이다.

중요한 것이 무엇이고 자신이 어디에 관심이 있는지를 미리 생각해 두면 일상적인 결정도 쉽게 내릴 수 있다. 예를 들어 딸아이의 생일 파티에 빠지지 않겠다고 결심했다면, 그날 저녁 사업 모임에 참석할까 말까 망설일 이유가 없다. 수지가 맞는 계약 건이 있는데 함께 일할 사람들이 마음에 들지 않는 경우도 있다. 이때 어리석은 사람과는 절대로 같이 일하지 않겠다고 마음먹었다면, 계약에 대한 미련은 쉽게 떨칠 수 있다.

마찬가지로, 팀 플레이어만을 채용하기로 원칙을 정해둔 경우, 실력은 뛰어나지만 다른 직원과 협력할 줄 모르는 사람을 놓고 채용 여부를 고민할 필요는 없다.

유능한 인재 얻기

모든 기업은 우수한 인재를 채용하고 그들이 계속 남아 있게 해야 하는 쉽지 않은 과제에 항상 직면해 있다. 우수한 인재를 얻는 문제는 기업이 제품 이상의 존재가 되는 것과 직접적인 관련이 있다. 기업이 유능한 인재를 얻기 위해서는 자신의 정체성을 분명히 정립해두어야 한다. 고객에게 좋은 브랜드로 인식되는 것만큼이나 고용자로서의 브랜드 또한 중요하다. 고객과 마찬가지로 직장을 구하는 인재들도 기업에 대해 알고 싶어한다. 만일 기업이 자신의 정체성을 분명히 알고 있지 못하다면, 구직자들이 무슨 수로 그것을 알겠는가.

고객을 대할 때와 마찬가지로, 고용자로서 기업은 자신을 차별화할 필요가 있다. 하지만 유감스럽게도 대부분의 기업들은 그렇게 하지 못하고 있다. 기업들이 내건 채용 공고를 훑어보면 하나같이 '근무하기 좋은 직장'이라는 식의 일반적인 문구를 내세운다. 하지만 그것만으로는 충분하지 않다. 그 기업에 입사한 다음은 과연 어떨지 정확히 알 수 없기 때문이다. 한편 최고 연봉, 긴 휴가, 좋은 근무 환경, 잦은 승진 기회 등의 구체적인 혜택을 열거하는 것도 그다지 도움이 되지 않는다. 다른 기업들도 거의 유사한 조건을 제시하고 있기 때문이다.

그러면 구직자들이 가장 궁금해 하는 사항은 뭘까? 바로 그 회사에 입사해서 어떤 일을, 어떻게 하게 될 것인가에 대한 정확한 정보이다.

사우스웨스트 항공은 승무원 모집 공고란에 비행기 창에서 내다본 아름답고 파란 하늘을 배경으로 '이렇듯 전망 좋은 직장에서 일해본 적 있나요?'라는 헤드카피를 내세웠다. 그리고 바로 아래에 다음과 같은 내용의 문구를 실었다. '사우스웨스트 항공 승무원이라는 보람 있는 직업에 관심이 있는 특별한 인재를 찾습니다. 즐겁고 창의적인 문화로 널리 알려진 사우스웨스트 항공의 직원이 되면, 다양한 혜택과 항공여행 특혜, 그리고 자신을 표현하는 기회를 얻을 수 있습니다. 자신의 미래를 스스로 개척해 나갈 수 있는 직장을 찾고 있다면, southwest.com에서 이력서를 창조해 제출하세요.'

사우스웨스트 항공의 직원모집 공고에서 내건 일부 사항들은 다른 항공사와 거의 비슷한 기본적인 내용들이다. '다양한 혜택'이나 '항공여행 특혜'가 특별하다고 볼 수는 없다. 따라서 사우스웨스트 항공이 구직자의 마음에 호소하는 부분은 '자신을 표현하는 기회'와 '즐겁고 창의적인 문화'이다.

이력서를 '창조'하라는 표현도 묘한 뉘앙스를 전달한다. 사우스웨스트 항공을 이용해본 사람이라면 승무원들이 적극적으로 자신을 표현하고 분위기를 유쾌하게 만드는 재주가 있다는 사실을 잘 알고 있을 것이다.

문제는 경영자들 대부분이 진정으로 의미 있는 말을 하기를 꺼린다는 점이다. 그 사람들은 점잖고 깔끔하고 무난한, 이른바 전형적인 표현을 즐겨 사용하므로 정작 중요한 의미를 전달하지 못하는 경우가 많다. 경영자들은 대부분 숫자를 좋아한다. 숫자는 셀 수 있고 도표나 그래프로 나타낼 수 있지만, 정작 사람의 마음을 움직이지는 못한다. 바로 그 점이 숫자가 갖고 있는 근본적인 결함이다.

전략보다는 꿈을 보여줘라

기업이 자신이 누구이고, 무엇을 지향하는지 결정했다면, 다음에 할 일은 감성적 언어를 사용해 그 내용을 전달하는 것이다.

사람들은 기업이 어떤 제품이나 서비스를 파는지는 알지만 그 기업에서 일하는 것이 어떤 것일지는 쉽게 알 수가 없다. 그러므로 기업은 지원자들에게 자신이 누구이고, 무엇을 지향하는지를 명확하게 전달해야 한다. 이를테면 '우리는 업계에서 최고의 제품을 만들기 위해 노력하고 있다'라는 식으로 표현할 수도 있다. 이는 기업이 뛰어난 품질의 제품을 만드는 것을 중시하며, 따라서 뛰어난 기술 인재를 찾고 있다는 메시지를 전달한다. 기업이 중요하게 생각하는 바를 분명히 제시하라. 그러면 그에 적합한 인재들이 문을 두드릴 것이다.

어떤 사람에게 중요한 사항이 다른 사람에게는 그렇지 않을 수 있다. 그 반대 상황도 마찬가지다. 이 말의 핵심은 무엇인가? 기업은 자신과 비전을 공유할 수 있는 인재를 채용해야 한다. 단순히 똑같은 개성을 지닌 사람이 아니라, 비전과 목적을 공유할 수 있는 인재들을 채용해야 한다.

1963년 마틴 루터 킹 목사는 수천 명의 청중을 향해 "나에게는 꿈이 있습니다(I Have a Dream)"라고 말했다. 그는 "나에게는 전략이 있습니다"라고 말하지 않았다. 물론 전략은 유용하며, 반드시 필요하다. 또한 실행이 없는 꿈은 헛된 망상에 지나지 않는다. 그러나 전략을 실제로 수립하고 추진하는 것은 결국 자신의 꿈을 실현하기 위해 일하는 사람들이다.

당신의 기업은 어떤가? 당신의 기업은 직원들이 정말로 일하기 좋은 곳인가? 내 고객 중에는 전자상거래 시스템을 구축하는 회사의 사장이 있다. 이 회사의 직원들은 대단히 활기차고 모험을 즐기며, 자기 분야의 전문가들이다. 이 회사는 항상 특정한 인재를 모집하기 위해 노력한다. 하지만 여느 회사처럼 '다양한 혜택과 승진 기회가 많은 회사'라는 문구를 내세워 직원을 모집하려 할 경우, 그 결과가 어떻게 나올까? 진부한 채용 문구로는 그저그런 직원밖에 얻지 못하며, 모두가 그 결과에 실망하게 될 것이다.

탁월함이 탁월함을 낳는다. CST의 바비 브래들리(Bobby Bradley)는 이렇게 말한다. "나에게는 탁월한 기업을 만들겠다는 목표가 있습니다. 우리는 탁월한 기업이 되기 위해 심혈을 기울여 왔습니다. 그리고 직원들 스스로 자신들이 몸담고 있는 직장이 탁월한 기업이라고 느끼도록 노력하고 있습니다. 그 열쇠는 우리의 기업문화에 있어요. 기업문화가 탁월하면 탁월한 인재를 얻을 수 있고, 나머지는 저절로 따라오니까요. 사람들은 그 꿈과 비전을 보고 우리 회사에 모여들고, 그들이 기업문화를 계속 유지해 나갈 겁니다. 이것이 바로 탁월한 기업입니다. 그렇게 되면 성장과 수익은 자연히 따라오지요. 고객과의 관계도 마찬가지입니다."

좋은 기업 VS 나쁜 기업

개인 고객이든 기업 고객이든 간에 오늘날의 고객은 과거의 고객과는 많이 다르다. 과거에는 주로 제품이나 가격, 서비스를 보고 구매를 결정했다. 즉 질 좋은 제품이나 서비스를 저렴하게 공급하면 거래가 이루어졌다. 이것은 과거의 방식이다. 오늘날에는 고객이 구매를 결정하는 과정에 새로운 요소 하나가 추가되었다. 좋은 기업이냐 나쁜 기업이냐가 바로 그것이다.

지금은 과거 어느 때보다도 정보 접근이 용이하고 대중의 사회적·정치적 의식 수준도 상당히 높아졌다. 소비자는 어떤 브랜드를 구매하기에 앞서 그 제품을 만든 기업에 대해 속속들이 알고 싶어한다. 그 기업이 어떤 사회적 대의를 지지하는지, 지역 공동체에 얼마나 기여하는지, 환경 문제에 관심을 갖고 있는지, 직원들을 어떻게 대우하고 있는지, 경영자들은 윤리적인지 따위를 궁금해 하며, 또 실제로 많은 부분을 알고 있다. 따라서 기업이 어떤 중대한 잘못을 저질렀을 경우, 고객은 그 기업과 거래하지 않으려 할 것이다. 설사 그 기업이 최고 품질의 제품을 만든다고 하더라도 한번 나쁜 기업으로 인식되면 고객 은 그 기업과 거래를 하지 않을 것이다.

좋은 기업이 잘 되길 바란다

대개의 사람들과 마찬가지로 나 역시 영화나 스포츠, 사업 등에서 좋은 사람이 승리하기를 바란다. 또한 단순히 돈을 버는 것 이상의 무언가를 지향하는 기업을 지지한다. 기업이 시장에서 독보적인 위 치에 서도록 만드는 것이 반드시 제품의 품질이나 가격, 서비스만은 아니다. 물론 그런 요소를 통해 경쟁력을 갖출 수도 있지만, 그것만 으로는 다른 경쟁업체와 확연히 차별화되지 않는다. 중요한 것은 고 객이 그 기업을 정말로 좋은 기업이라고 인식하도록 만드는 것이다.

내가 공공연하게 렌즈크래프터의 팬임을 자처하는 데는 여러 가지 이유가 있지만, 무엇보다도 렌즈크래프터가 좋은 기업이기 때문이다. 나는 진심으로 렌즈크래프터가 성공하기를 바란다. 테네시 주 내슈빌 의 그린 힐스 몰(Green Hills Mall)에 있는 렌즈크래프터 점포에 들어서 면 큼지막한 통이 제일 먼저 눈에 띤다. 그 통 속에는 못 쓰는 안경을 기증해달라는 문구가 적혀 있다. 렌즈크래프터는 이렇게 수집한 안경들을 '시력 선물' 프로그램에 활용하며, 그들의 도움이 절실하게 필요한 사람들에게 '시력 선물'을 주는 활동을 세계 각지에서 한결같이 펼치고 있다.

렌즈크래프터에서 만든 안경은 정말로 품질이 좋을까? 나는 그렇다고 생각한다. 그러면 최고의 품질이라고 단언할 수 있을까? 솔직히 그 점은 알 길이 없다. 그들이 파는 안경이 가장 저렴할까? 글쎄, 적어도 어느 정도 가격 경쟁력은 있을 것이다. 그러면 그들이 제공하는 서비스가 단연 최고 수준일까? 개인적인 체험이지만 나는 렌즈크래프터의 서비스가 매우 훌륭하다고 생각한다. 그 놀라운 서비스의 열쇠는 대부분의 기업들이 까다롭게 여기는 질문, 즉 당신은 누구인가의 문제로 귀결된다. 렌즈크래프터는 매일같이 그 질문에 답하려고 노력했고 그로 인해 성공을 거두었다.

렌즈크래프터는 '시력 선물' 프로그램을 자신들의 사업에 이용할 수도 있었다. 하지만 그들은, '렌즈크래프터는 좋은 기업입니다. 그러니 우리의 안경을 사세요'라고 말하지 않는다. 그들이 좋은 일을 하는 이유는 그것 이외의 방식으로 행동하는 것은 생각할 수 없기 때문이다. 이러한 사고방식은 정책의 결과가 아니라 정체성의 문제이다. 시력이 나쁜 사람들이 세상을 더 잘 볼 수 있도록 돕는 것은 그들의 업무가 아니다. 그것은 '자신이 누구인가'에 대한 인식에서 비롯된 행동이다.

기업이 정체성에 대한 확고한 의식을 갖는 것은 단순히 정책을 갖고 있는 것과는 차원이 다르다. 회사의 규범에 따라 좋은 일을 한다면, 그것은 정책에 속한다. 반면 좋은 일을 해야 하기 때문에 그 일을 한다면, 그것은 정체성의 반영이다.

늘 하는 일일 뿐이다

한번은 브랜드에 관한 강연 일정이 잡혀 있어 애틀랜타 중심부에 위치한 포시즌(Four Season) 호텔에 여장을 푼 적이 있었다. 포시즌 호텔에 투숙해본 사람이라면, 그곳이 고급 호텔이라는 데 누구나 동의할 것이다. 포시즌 호텔은 멋진 실내장식 못지않게 직원들의 서비스 또한 아주 훌륭하다. 나는 이 호텔에 묶는 동안 '자신이 누구인지'를 알고 있다는 것이 포시즌 호텔을 진정한 '온리원(Only One)'의 지위에 오르도록 한 요인이라는 사실을 체험을 통해 깨달았다.

강연 약속 시간이 되려면 두 시간 정도 여유가 있었기 때문에, 나는 짐을 로비로 가져와 호텔 벨맨에게 보관해달라고 부탁했다. 그런 다음 몇 가지 서류 업무를 처리하려고 호텔 로비 한쪽에 있는 소파에 앉았다. 탁자 위에 파일과 서류들을 펼쳐놓고 일을 하기 시작한 지 15분쯤 지났을까? 조금 전에 짐을 맡겼던 그 젊은 벨맨이 다가와 물었다. "손님, 여기서 계속 일을 보실 겁니까?" 나는 속으로 의아해 하며, "예, 한 시간 정도 더 있을 겁니다. 왜 그러죠?" 했다. 그러자 그 직원은 의외의 대답을 해서 나를 깜짝 놀라게 했다. "손님께 복숭아 냉차를 한잔 갖다 드릴까 해서요."

그가 냉차를 가지러 간 사이, 나는 조금 전에 벌어진 일에 대해 생각해보았다. 그리고 직원이 냉차를 가져오자 그에게 물었다. "우스운 질문 같지만…… 왜 내게 냉차를 갖다준 거죠? 혹시 이렇게 하라고 교육을 받은 건가요?" 순간 그는 당혹스런 표정을 지으며 이렇게 말했다. "손님, 저희 직원들은 늘 서비스 교육을 받습니다. 하지만 냉차를 대접하는 것까지 배우지는 않는답니다. 저는 그저 손님이 좋아하실 거라는 생각에 차를 갖다드렸을 뿐입니다."

이처럼 고객을 위한 서비스가 직원들의 몸에 자연스럽게 배어 있을 때 비로소 평범함을 뛰어넘어 독보적 기업이 될 수 있다. 아마 여러분도 포시즌 호텔이 그저그런 평범한 호텔이 아니라는 사실을 깨달았을 것이다. 포시즌 호텔과 비교했을 때, 경쟁자인 리츠칼튼 호텔이나 프리퍼드 호텔, 뉴욕에 있는 트럼프인터내셔널 호텔 등은 모두 최고급 수준의 평범한 호텔들이라고 할 수 있다. 이제 포시즌 호텔과 경쟁하려면 제품이나 가격, 서비스 이상의 무언가로 스스로를 차별화해야 한다. 그 열쇠는 바로 '자신이 누군인가'를 분명히 하는 데 있다.

반복해서 이야기하라

모든 독보적 기업들의 공통점 가운데 하나는 똑같은 이야기기를 계속 반복한다는 점이다. 문화는 그렇게 해서 창출된다. 무엇이 중요한지를 결정했다면, 그것에 관해 끊임없이 반복해서 말해야 한다. 강력한 기업문화는 반복하는 데서 나온다.

자신이 누구인지, 무엇을 지향하는지에 대한 의식이 없는 기업은 매년 다른 주제로 회의를 하고, 끊임없이 우선순위가 바뀐다. 그런 기업에는 변화의 시기에 중심을 잡아줄 수 있는 것이 없다. 독보적 기업은 어떤 면에서 보면 믿을 수 없을 정도로 지루하다. 그들은 항상 똑같은 것을 이야기하기 때문이다. 하지만 사람들은 자신이 누구이고, 무엇을 지향하는지와 같은 단순한 생각을 쉽게 받아들이지 않는다. 따라서 무엇이 중요한지를 결정한 다음에는 그것을 반복해서 이야기해야만 효과가 나타난다.

탁월한 리더는 고집쟁이다

탁월한 리더는 창조적이고 혁신적이며, 항상 조직을 발전시킬 방법을 찾고 있다. 탁월한 리더는 또한 고집쟁이다. 중요한 문제에 관한 한, 그들의 생각은 쉽게 바뀌지 않는다. 그들은 자신들이 중요하다고 생각하는 것을 고집하고 그것을 반복해서 이야기한다. 리더는 바로 우리 자신이 누구인지를 끊임없이 상기시켜주는 사람이다.

확고한 집념

개인이든 기업이든 간에 지속적으로 탁월한 성과를 내기 위해서는 단순히 생존하기 위해 일하는 것이 아니라 분명한 목적의식을 갖고 일을 해야 한다. 하지만 세상을 구원하기 위해 목숨을 걸었던 십자군처럼 두 눈에 불을 켜고 달려들어야만 기업을 성공으로 이끄는 것은 아니다. 지나치게 과장된 열정은 현실에서는 통하지 않는다. 그런 열정은 한순간 밤하늘을 가로지르는 별똥별처럼 생명이 짧다. 그보다는 렌즈크래프터 직원들의 마음속에서 우러나오는 잔잔하면서도 확고한 집념이 훨씬 더 큰 효력을 발휘할 수 있을 것이다. 그들은 세상을 구원하겠노라고 거창하게 선언하지 않는다. 다만 사람들이 세상을 좀더 잘 볼 수 있도록 도움을 주고자 할 뿐이다.

'나는 누구인가' 라는 물음에 대한 진정한 대답은 자신의 이익을 위해서가 아니라 그보다 더 크고 위대한 목적을 위해 헌신하는 것과 관련이 있다. 조지 버나드 쇼(George Bernard Shaw)는 다음과 같은 글을 남겼다. "스스로 위대하다고 생각하는 일에 헌신하는 것이야말로 인생의 진정한 기쁨이다. 한 줌의 재로 돌아가기 전에 기력을 완전히 소진하고 고갈시켜라. 세상이 어째서 자기에게 행복을 가져다주지 않느냐며 슬퍼하고 탄식하고 흥분하는 이기적이고 병든 육체이기보다는, 진정한 자연의 일부가 돼라."

03
과거의 성공 방식을 버려라

변화는 좋은 것이다

과거의 성공 방식은 시간이 지날수록 유효하지 않다. 방식이 잘못되어서가 아니라 기업을 둘러싼 환경이 바뀌기 때문이다. 지금 이 순간에도 기업 상황은 변화하고 있으며, 그 변화는 결코 끝이 없을 것이다.

사람들은 대개 겉으로는 변화의 필요성을 역설하면서도 정작 변화가 필요한 순간에는 애써 저항하는 경향이 있다. 사실 사람들은 변화를 그다지 달가워하지 않는다. 불편하고 두렵기 때문이다. 그래서 사람들은 대개 이런 식으로 반응한다. "변화요? 좋죠! 하지만 당신이 먼저 해보시죠."

몇 년 전까지만 해도 사람들은 폴 리비어(Paul Revere, 1775년 보스턴 차 사건 때, 한밤중에 말을 달려 영국의 공격을 알린 인물)가 그랬던 것처럼 "드디어 인터넷 시대가 열렸다! 인터넷이 모든 것을 바꿔놓을 것이다!"라고 소리치며 다녔다. 하지만 전신, 철도, 내연기관, 조립 라인, 텔레비전, 컴퓨터도 그와 마찬가지였다. 중요한 것은 인터넷이 아니라 변화의 속도이다. 변화라는 거센 파도는 결코 멈춤이 없고, 그 속도는 점점 더 빨라지고 있다.

시장의 주도권이 판매자에게서 구매자에게로 넘어간 경제상의 변화에서부터 엄청나게 쏟아지는 신기술, 생활양식의 변화, 직장인이 회사에 바라는 요구사항 등 크고 작은 변화들이 곳곳에서 일어나고 있다.

그렇다고 해서 이런 변화들이 완전히 새로운 것은 아니다. 우리는 항상 변화를 경험해 왔으며, 앞으로도 그럴 것이다. 다만 그 변화가 빛의 속도만큼이나 빠르게 다가온다는 사실이 새로운 것이다.

오늘날 변화가 우리에게 의미하는 바는 지속적이고, 갑작스러우며, 매우 중대하다.

이제는 기업들이 자신이 어떤 업종에 속하는지를 쉽게 정의하기 어려운 상황이 되고 있다. 은행과 보험사, 증권사 간의 경계는 갈수록 허물어져 금융 서비스라는 하나의 사업으로 통합되고 있다. 예상치 못했던 새로운 경쟁자는 언제, 어디서든 출현할 수 있다. 사람들은 슈퍼마켓에서 은행 업무를 처리하고, 인터넷이나 핸드폰을 통해 대출을 받기도 한다. 업종 간의 경계가 희미해지고 새로운 경쟁의 법칙이 날마다 등장하고 있는 것이다.

과거의 성공은 적이다

과거의 성공은 미래의 성공에 방해가 된다. 나는 사업을 하면서 이 원칙을 항상 가슴에 새겨두고 있다. 과거에 크게 성공을 거두었고, 지금 하고 있는 일에 매우 뛰어나다고 자부하는 이가 있다면 나는 그에게 두 가지를 전하고 싶다. 하나는 진심으로 축하한다는 말이다. 그러한 성공은 축하하고 인정해주어야 한다.

다른 하나는 지금 그의 위치가 매우 위태롭다는 사실이다. 기업이나 개인이 성공을 거두었을 때, 좀처럼 피하기 어렵고 어쩔 수 없이 빠지는 것이 바로 자기만족의 함정이다. 과거에 한번 성공했다고 해서 '사업을 잘 알고 있다'고 자만하는 것은 위험하기 짝이 없는 태도이다. 성공을 바라는 기업은 자기만족의 함정에 빠지지 않도록 자신을 지켜줄 경계병을 주위에 두어야 한다. 즉 매사에 위기의식을 갖고 행동해야 한다.

내가 운영하는 컨설팅 회사는 운이 좋아서인지 20년 넘게 성공을 지속해 왔다. 나는 이 점에 대해 늘 감사하게 생각한다. 나의 성공 요인 중 하나는 하루도 빠짐없이 다음과 같은 말을 되뇌인 것이다. '캘러웨이, 네가 성공했다는 것은 시장에서 이기는 방법을 알고 있다는 말이지. 하지만 그 시장은 이제 사라져버렸어. 다 과거의 일이야. 그리고 내일은 또 다른 경기가 시작될 거야.'

물론 지금까지 해왔던 모든 성공 방식을 내팽개치라는 말은 아니다. 그리고 사업을 하면서 영원히 지켜야 할 것들이 있다. 성실, 고객 중시, 정직한 가치 제공과 같은 기본적인 요소들이 바로 그것이다. 다만 어제 유효했던 방식이 내일도 통하리라는 생각은 금물이다. 특히 과거의 사업 프로세스나 절차, 전략, 운영 방식은 새로운 환경에서 전혀 쓸모 없는 것이 될 수 있다.

계속 전진하면서도 안정을 유지할 수 있는 이상적인 모델을 머릿속에 그려보라. 이런 기업에는 튼튼하고 안정적인 핵심이 반드시 존재한다. 당신의 기업이 고리가 달린 토성과 같은 구조라고 생각해보자. 고리 중앙에 위치한 행성은 자신이 누구인지, 무엇을 중시하는지, 목표가 무엇인지를 나타낸다. 이 행성은 기업이 선택한 일련의 가치들로서, 거의 바뀌지 않는다.

토성의 고리는 기업이 사업을 수행하는 전술적 방법이라고 할 수 있다. 고리는 제품, 사회 환경, 기술, 경제, 고객의 변화에 따라 끊임없이 변화한다. 기업은 기본 가치들을 확고히 유지해야 하지만, 빠르게 변화하는 고객의 욕구를 충족시키려면 어떤 식으로 변화할지도 알고 있어야 한다.

성공은 기업에게 적이 될 수 있다. 성공은 기업으로 하여금 '사업에 능숙하다' 거나 '성공 원리를 터득했다' 고 믿게끔 만든다. 유감스럽게도 그것은 사실이 아니며, 과거의 성공 방식을 알고 있는 데 불과하다. 가장 위험한 순간은 끊임없이 변화하는 시장에서 과거의 성공에 안주한 채 휴식을 취하고 있을 때이다. 그렇다고 겁에 질려서 허둥지둥 뛰어다니라는 말은 아니다. 확고한 신념을 가지고 사업을 운영하는 기업들은 변화를 자연스럽게 받아들인다. 그들은 결코 자기만족에 빠지지도 않고, 뒤늦게서야 변화를 따라잡기 위해 몸부림치지도 않는다.

작은 변화 VS 큰 변화

기업을 발전시키려면 전 분야에서 작은 개선을 지속적으로 추진해 나가야 한다는 것이 최근 몇 년 동안의 지배적인 생각이었다. 이것은 이미 수행하고 있는 일에서 개선을 이루고자 하는 단선적인 접근 방식이다.

'비용을 어떻게 절감할 것인가?' '고객에게 제품을 배달하는 데 걸리는 시간을 어떻게 단축할 수 있을까?' 이것은 한마디로 말해, '더 많은 나무를 베기 위해 도끼 날을 날카롭게 가는 것'이라 할 수 있다. 이 방식도 나름대로 효과가 있다.

하지만 큰 그림을 보지 못하는 작은 개선을 지속적으로 추진해 나가는 것만으로는 거대하고 근본적인 발전을 이룰 수 없다. 새로운 단계로 도약하기 위해서는 도끼 날을 날카롭게 가는 대신에 나무를 한 번에 쓰러뜨릴 수 있는 방법이 필요하기 때문이다. 어쩌면 나무를 베는 것 자체가 불필요한 일일 수도 있다. 그러니, 현재 하고 있는 일을 개선할 궁리는 잠시 멈추고, 먼저 일 자체의 타당성을 면밀히 검토해 보라.

10퍼센트를 개선하는 것도 좋지만 500퍼센트를 개선하는 것이 훨씬 더 좋다. 완전히 새로운 것을 만들고 경기의 규칙까지 바꾼다면 더할 나위 없이 좋다. 기존의 목표는 지금 수행하고 있는 일을 더 잘함으로써 성장을 이루는 것이었다. 하지만 이제는 새롭고 근본적인 변화를 추구하는 것을 기업의 목표로 삼아야 한다.

단, 변화를 위한 변화는 지양해야 한다. 그런 식의 변화는 안일한 자기만족보다 더 위험한 함정일 수도 있다. 변화의 물결에 동참하고 있다는 기분을 맛보기 위해 무분별한 시도를 하는 것은 실패를 자초하는 지름길일 뿐이다.

사업의 원칙

변화를 추구하는 과정에서도 결코 버려서는 안 되는 몇 가지 사업의 원칙이 있다. 기업이 생존하기 위해서는 물건을 만들어 누군가에게 어느 시점에 팔아야 한다는 것도 그 한 가지이다. 사업에 실패한 수많은 인터넷 기업들은 뒤늦게야 그 사실을 깨달았다. 사실 신경제라는 말은 있을 수가 없다. 과거 어느 시기에도 그런 것은 존재하지 않았다. 다만 기존의 경제 체제하에서 자신의 자리를 찾으려 했던 인터넷 비즈니스가 있었을 뿐이다. 그리고 이 같은 작업은 지금도 여전히 진행 중이다.

새로운 아이디어가 반드시 더 나은 아이디어를 의미하진 않는다. 이것은 변화를 좇으면 돈은 저절로 따라온다고 믿는 것과 같다. 하지만 그와 같은 믿음은 누군가가 제품을 구매해야만 실현될 수 있는 것이다. 하루 종일 새로운 아이디어를 추구할 수는 있다. 하지만 시장 자체가 존재하지 않는다면 모든 일은 허사로 돌아가고 만다. 한때 수많은 인터넷 기업들이 재미있고 근사한 아이디어만으로 손쉽게 돈을 벌 수 있으리라고 생각했다. 하지만 어떤 시점에서 누군가가 그것을 구매하지 않으면 아무 소용이 없다.

틀을 깨자!

　오늘날 업계에서 가장 인기 있고, 가장 많이 사용되는 슬로건 중의 하나가 '틀을 깨자' 라는 말이다. 나는 지난 10년간 기업 모임이나 회의석상에서 귀에 못이 박일 정도로 이 말을 자주 들어왔다. 하지만 실행 없는 빈말에 그치고 마는 경우가 태반이다. 다시 말해 겉으로는 혁신해야 한다고 목청을 높이지만, 속으로는 죽는 것만큼이나 혁신을 꺼리는 것이다. '물론 변화를 좋아합니다. 그러니까 예전의 방식으로 돌아갑시다' 가 사람들이 생각하는 변화의 모토이다.

　틀 안에 갇혀 있는 것은 결코 안전하지 않다. 가장 큰 위험은 위험을 뛰어넘으려 하지 않는 태도이다. 변화하기가 두려운가? 그렇다면 억지로 변화를 시도하진 말라. 하지만 끊임없이 변화하는 세상에서 변화를 거부하는 전략은 최악의 전략이다. 그것은 마치 바닷속에 사는 물고기가 "나는 온통 물뿐인 바다가 싫어"라고 말하는 것과 같다. 변화는 그 바닷물과 같다. 당신은 거기에 익숙해져야 하며, 그 속에서 성장하는 방법을 터득해야 한다.

　많은 기업들이 스스로에게 다음과 같은 심각한 질문을 던지고 있다. "우리가 지금 제대로 사업을 하고 있는가?", "우리 산업 밖에서는 어떤 일이 벌어지고 있는가?" 하는 질문들이 그것이다. 독보적 기업으로 발전하려면 전혀 다른 관점에서 자신의 사업을 바라볼 수 있어야 한다. 평범한 기업들은 한 목소리로 "이 분야에선 그런 방식이 통하지 않아!"라고 일축해버린다. 하지만 그와 같은 방식은 단지 지금껏 행해지지 않았을 뿐이다. 그리고 당신의 경쟁자가 당신이 무시해버린 그것을 해내는 순간, 경쟁사로 발길을 돌리는 고객들을 속수무책으로 바라만 보고 있게 될 것이다.

기존 틀에서 벗어나는 한 가지 방법은 전혀 다른 틀에 있는 사람을 영입하는 것이다. 퀼(Quill)은 한 단계 앞서 나가기로 결정하면서 새로운 인재의 필요성을 느꼈다. 기존의 방식으로도 성장을 계속할 수는 있지만, 자신들이 원하는 수준에 도달하려면 전혀 다른 기술과 새로운 관점이 필요하다는 사실을 깨달은 것이다.

새로운 인물을 데려오고 새로운 아이디어를 실행하는 변화의 과정에서는 어느 정도 긴장이 따를 수밖에 없다. 기존의 사고가 새로운 사고와 충돌하고, 현상 유지가 새로운 목표와 부딪치기 때문이다. 만일 구성원 모두가 만족스러워하는 변화라면, 그것은 실질적인 변화라고 볼 수 없다. 뭔가 큰일을 시도하다 보면 혼란이 일어나는 것은 자연스런 현상 아닌가.

기존의 틀에서 벗어나는 또 한 가지 방법은 부서와 직책이 다르고 관점이 상이한 사람들이 함께 일하도록 하는 것이다. 일반 회사에서 회의하는 모습을 보면 대개 같은 부서 사람들끼리 모여 앉는다. 각기 다른 부서원들을 한데 섞어놓아라. 개개인들에게 발언 기회를 주고 서로의 업무와 관점에 대해 논의하도록 하라. 이때 경계를 허무는 새로운 견해, 인식, 구상, 문제 제기가 필요하다. 서로 부서를 바꿔보는 것도 좋은 방법이다. 정해진 틀을 무너뜨린 다음, 어떤 아이디어들이 쏟아져 나오는지 지켜보라.

변화를 통한 안정

기업의 안정성은 변화의 정도에 달려 있다는 생각이 오랫동안 지배적이었다. 변화가 적으면 더 안정적이라고 여겨졌는데, 대체로 그것은 사실이었다. 바로 얼마 전까지만 해도 미래를 합리적으로 예측하는 것이 가능했고, 상당히 멀리까지 내다볼 수도 있었다.

기업은 그다지 많이 변화할 필요가 없었다. 기업을 둘러싼 환경이 크게 변하지 않았기 때문이다.

변화는 언제나 우리 곁에 있어왔다. 이는 전혀 새로운 사실이 아니다. 아울러 모든 것을 새롭게 정의하도록 만드는 거대하고 획기적인 변화도 줄곧 있었다. 오늘날 인터넷이 다방면에서 중요한 요소로 등장한 것처럼 과거에는 전보가 그랬다. 철도, 전화기, 비행기, 컴퓨터 등이 인간의 생활과 기업에 미친 영향은 과히 기념비적이라 할 만하다.

과거에는 그렇게 큰 변화가 간혹 한 번씩 있었지만, 오늘날에는 항상 일어난다는 사실이 과거와 다른 점이다. 또한 지금은 변화를 예측하기가 훨씬 더 어렵다. 이는 기업이 기꺼이 변화하려는 자세를 갖추고 있어야 하고 자주 변화해야 할 뿐만 아니라, 잘못되는 위험도 감수해야 한다는 것을 의미한다. 여기서 분명히 알아두어야 할 것은, 예측을 한다 해도 잘못될 수 있다는 사실이다. 이것은 아예 예측하지 말아야 한다는 뜻이 아니다. 다시 말해 성공은 올바른 결정이나 예측보다 하나의 결정에서 다음 결정으로 재빨리 넘어갈 수 있는 능력에 달려 있음을 의미한다. 설사 올바른 판단을 했다 하더라도, 그 판단은 아주 짧은 시간 동안만 효과가 있을 뿐이다.

세상이 너무 빠른 속도로 변화하고 있기 때문에 상황을 분석하고 사태를 판단할 때쯤이면 이미 상황 자체가 바뀌어버린다. 따라서 상황 분석은 항시적으로 진행되어야 한다. 마찬가지로, 앞으로 일어날 일에 대한 반응이나 예측 또한 일상적으로 행해져야 한다.

오늘날 변화하지 않는 기업은 불안정하다. 심지어는 문을 닫아야 하는 심각한 위기에 처할 수도 있다. 물론 여기서 말하는 변화의 의미는 가치가 아닌 전술과 운영에 관한 것이다. 변화 가능한 전술의 유연한 고리에 둘러싸인 가치는 기업을 안정적으로 운영하기 위한 가장 중요한 근거이다. 다시 말해, 자신이 누구인지 명확히 인식하고 있다면, 자신이 수행하는 일과 그 일을 운영하는 방식을 성공적으로 변화시킬 수 있다.

오늘날에는 변화를 통해 기업의 안정을 도모할 수 있다. 이제 기업은 쉬지 않고 페달을 밟아야 하는 자전거와 같다. 그들은 더 이상 멈출 수도 없고, 발을 땅에 내려놓을 수도 없다. 계속해서 앞으로 나아가지 않으면 이내 쓰러지고 만다. 기업에게는 위기가 곧 기회인 것도 그 때문이다. 위기에 처한 기업은 더 이상 쓸모 없는 방식들을 과감히 버리지 않으면 안 된다. 위기는 기업이 변화하도록 만든다.

보이지 않는 울타리

나의 경력을 돌이켜볼 때, 크게 성장할 수 있었던 이유는 기회를 잘

잡아서가 아니라 위기가 닥쳤기 때문이었다. 나도 한때 사업에서 성공했다는 자만에 빠져 기존 방식에서 벗어날 필요성을 전혀 느끼지 못한 적이 있었다. 애완동물이 마당에 함부로 돌아다니지 못하게 울타리를 쳐 놓듯이, 누군가가 보이지 않는 울타리를 내 주위에 둘러놓은 것 같았다. 그 보이지 않는 울타리는 자기만족에서 비롯된 장벽이었다. 당시 주변 상황에 아무런 변화가 없었기 때문에 나는 안심하고 있었다. 변화가 올 수밖에 없다는 사실을 모른 체하며 약점을 감추고 있었던 것이다.

1980년대 중반까지만 해도 내 사업의 75퍼센트 정도를 거래처 두 곳에 전적으로 의존하고 있었다. 지역 은행과 미 육군이 바로 나의 주요 거래처였다. 나는 수년 간 이 두 거래처의 마케팅 업무를 도왔으며, 그들도 매우 만족스러워했다. 내가 판단하기에 가까운 장래에 상황이 바뀔 징후는 보이지 않았다. 나는 늘 해오던 방식대로 업무를 수행했고, 현 상태에서 약간만 개선한다면 사업이 꾸준히 성장하리라고 믿었다.

그런데 이 안정된 보금자리를 뒤흔드는 사건이 동시에 일어났다. 내 고객인 은행이 다른 은행을 인수하면서 전략을 전면 수정했고 과감한 예산 삭감 조치를 단행한 것이다. 내게 지급하던 예산도 희생 대상 중의 하나였다. 은행 측은 내게 이렇게 통보했다. "당분간은 컨설팅 프로그램을 모두 없애기로 결정했습니다. 훗날 다시 함께 일할 수 있기를 바랍니다."

공교롭게도 그 즈음에 미 육군에서 내가 맡았던 프로그램을 담당하던 장군이 교체되었다. 후임 장군은 사령부로 나를 불러 이렇게 말했다. "지금까지 우리 군을 위해서 많은 일을 했더군요. 그렇지만 당신은 내 사람이 아니오. 세상 일이 다 그렇듯이 대장이 떠나면 데리고 있던 부하도 함께 떠나죠. 새로 부임한 사람은 자기 사람을 데리고 오는 것이 순리라고 봅니다. 그럼, 행운을 빌겠소."

캄캄한 어둠과 절망이 먹구름처럼 내 주위를 에워쌌다. 구원의 빛은 한 가닥도 비치지 않았다. 상황이 완전히 바뀌었고 내 사업의 75퍼센트가 허공으로 사라져버렸다. 희망은 어디에도 없었다. 새로운 거래처를 구하기 전까지는 생존하는 일이 급선무였다.

우선 당장 돈을 벌어야 했기 때문에 나는 단기 컨설팅과 교육 프로그램을 필요로 하는 고객들을 찾아다녔다. 동시에 기업 모임에서 연사를 맡을 기회가 있는지도 알아보았다. 이때 깨달은 사실은, 단기 서비스와 예전의 장기 컨설팅 보수가 하늘과 땅 차이라는 점이었다.

시간이 지나면서 나는 점점 더 많은 고객들을 상대하게 되었고, 보수도 많이 올라갔다. 게다가 지금 하는 일이 예전보다 더 재미있고 만족스러웠다. 갑작스럽게 닥쳐온 변화가 나를 둘러싸고 있던 보이지 않는 울타리를 부숴버린 것이다.

기업들은 효과가 있어 보이는 것에 필사적으로 매달리는 경향이 있다. 기업 행사에 초청받아 그럴 듯한 주제로 연설을 하고 나면 "반응이 무척 좋더군요. 내년에도 부탁합니다" 하고 말한다. 내 강연이 마음에 들었기 때문에 다음 해의 강연을 미리 요청하는 것이다. 그런데 그들에게 정말로 필요한 것은 다음과 같은 반응이다. "이번 초청 강사의 강연 내용은 무척 훌륭했어. 다음에는 그 사람과 반대 견해를 지닌 연사를 초청해보자고."

모든 효과적인 것에는 수확체감의 법칙이 적용된다. 한번 효과를 보았다고 해서 다시 그것을 써먹을 생각은 하지 말라. 그 대신에 다음 번에는 무엇이 효과가 있을지를 궁리하라.

시장이나 고객이 싫증을 낼 때까지 기존에 효과를 보았던 방식을 고수하는 전략은 어리석다. 고객의 욕구는 자꾸 커지기 때문에 시간이 흐를수록 더 새롭고, 더 좋은 것을 원한다. 기술은 늘 새롭게 변화하고, 사회 또한 변화의 속도를 멈추지 않는다. 모든 것이 끊임없이 앞으로 나아가는 상황에서 기업 내부의 변화가 외부의 변화 속도를 따라가지 못할 때, 그 기업은 곤경에 처하게 된다.

끊임없는 경주

독보적 기업은 위기라는 재앙이 자기만족의 잠을 흔들어 깨울 때까지 기다리고 있지 않는다. 독보적 기업은 끊임없는 위기의식을 통해 스스로를 무장한다. 성공을 지속해 온 기업들은 자신들이 실패와 낙오로부터 그다지 멀리 떨어져 있지 않으며, 실패하지 않기 위해 결코 전진을 멈춰서는 안 된다고 생각한다. 독보적 기업은 업계와 고객의 동향을 파악하기 위해 5~6년 앞을 내다보면서 항상 기존의 방식을 구식으로 만들어버린다. 독보적 기업은 통제할 수 없는 환경이나 우연에 자신들의 미래를 내맡기기보다는 그것을 스스로 개척해 나가고자 한다.

성공에는 주기가 있으며, 계속적인 변화와 혁신을 요구한다. 어떤 사업이 됐든 시장에 진출해서 절정에 올라섰다가 차츰 쇠퇴의 길을 걷게 마련이다. 기업은 자신의 사업이 절정에 있을 때 다음 사업에 착수해야 한다. 그래야만 쇠퇴의 길목에 들어선 사업을 떠오르는 사업으로 계속해서 대체할 수 있다.

그런데 기업에서 만드는 제품에 변화가 없다면 어떻게 될까? 비록 제품 자체는 바뀌지 않더라도 제품에 대한 마케팅은 주기적으로 소비자의 구매를 유발할 수 있는 방향으로 계속 변화해야 한다. 이를테면 사람들은 갈증을 풀기 위해 청량음료를 사 마신다. 그리고 시간이 지나면서 맛 때문에, 다음엔 유행 때문에, 시간이 더 지난 다음에는 인기 연예인이나 유명한 운동선수가 광고에 나오기 때문에 그 제품을 구매한다. 제품 자체는 변화가 없지만 사람들이 그 제품을 구매하는 이유는 계속 바뀌는 것이다.

성공은 새로운 현실을 만든다

성공하기 위해서는 변화해야 한다. 어떤 조직에서 유능하다고 평가받던 사람이 승진을 한 뒤로 무능해졌다는 말을 듣는 경우가 종종 있다. 예를 들어 한 여성이 엄청난 실적을 올려 판매왕에 올랐고, 그로 인해 세일즈 매니저로 승진했다고 가정해보자. 그녀가 세일즈 매니저로서 계속해서 성공하려면 예전과는 다른 새로운 생존법을 터득해야 한다.

기업 강연가로 활동했던 초창기에 나는 운이 좋아서인지 강연을 나갈 때마다 호평을 받곤 했다. 어떤 사람들은 자신들이 지금껏 들은 강연 중에서 단연 최고였다며 칭찬을 아끼지 않았다. 강사로서 성공의 궤도에 오르자 주변 상황도 자연스레 바뀌었다. 강연료가 오른 것은 물론이고, 고객층도 바뀌었다. 비교적 소규모 기업을 대상으로 했던 강연이 차츰 규모가 큰 대기업 쪽으로 옮겨갔다. 성공의 사다리를 향해 높이 올라갈수록 내가 처하게 되는 현실도 달라진 것이다.

성과 기준이 더 높아졌을 뿐만 아니라 고객의 기대치도 함께 상승했다. 아울러 같은 사다리를 오르려는 경쟁자들의 수준도 한층 더 높아졌다. "지금껏 들은 강연 가운데 최고"라는 칭찬을 그들도 듣고 있었던 것이다. 결국 적자생존의 법칙이 지배하는 이 시장에서 살아남으려면 경쟁의 무대가 바뀐 만큼 일하는 방식도 바뀌어야 했다. 더 나은 방식을 만들어내거나, 아니면 어쩔 수 없이 성공의 사다리를 내려가야 하는 것이다.

다행히 나는 그 경쟁에서 살아남았다. 이때 한 가지 중요한 사실을 깨달았다. 그것은 현재의 위치에 올라서게 해준 요인이 앞으로의 자리까지 지켜주진 않는다는 것이다.

기존의 성공 요인에 연연하기보다는 계속해서 변화를 추구하는 것이 훨씬 가치 있는 일이다. 자신을 성공에 이르게 한 것이 무엇이든 간에, 그것이 영원한 방패막이는 아니다. 결국 다음 단계로 나아가든 몰락하든 어느 한 가지를 선택할 수밖에 없다.

나는 모른다

당신이 생각하는 사업의 모습은 어떤가. 한없는 긴장의 연속? 성공을 향한 뜨거운 열정? 이상적인 사업의 모습은 연못에서 헤엄치는 백조와 비슷하다. 백조는 물 위를 부드럽고 우아하게 미끄러지는 것처럼 보이지만, 물 밑에서는 쉴새없이 발을 저어댄다. 계속해서 변화를 추구하는 독보적 기업은 비즈니스의 연못을 부드럽고 우아하게 헤엄쳐 가는 것처럼 보인다. 물론 이들에게도 일정 수준의 혼돈이 있다. 그러나 그것은 스스로 통제할 수 있는 혼돈이다.

그 비결은 무엇이고, 효과적인 변화의 핵심은 또 무엇일까? 우리는 그 비결을 '모른다' 라는 개념에서 찾을 수 있다. 그 동안 나와 함께 일했던 변화에 능숙한 개인과 기업들은 앞으로 무슨 일이 일어날지 모른다는 사실을 인정했고, 그것을 당연하게 생각했다. 이 말은 그들이 무기력하다는 것을 의미하지 않는다. 그보다는 오히려 어떤 상황이 닥쳐와도 자신감으로 불확실성에 대처하면서 적극적으로 기회를 만들어낼 수 있다는 것을 의미한다.

기업 행사에서 강연을 할 때, 나는 항상 강연의 요점을 미리 정리해 둔다. 그리고 행사가 시작되면 사회자나 다른 연사들이 무슨 말들을 하는지 경청하고 청중의 분위기를 살피면서 내 강연 내용을 수시로 수정한다. 강단에 올라설 때쯤이면 내 원고는 여기저기 휘갈겨 쓴 글들과 단락 표시, 이리저리 그어진 화살표 때문에 알아보기 힘들 정도로 엉망이 되어 있다. 당신은 나의 경쟁력이 강연을 하기 전에 무슨 말을 할지 정확히 알고 있는 데서 온다고 생각할 것이다. 사실은 그와 정반대이다. 나의 강점은 내가 무슨 말을 할지 모른다는 데서 온다. 왜냐하면 연단에 오르기 전까지는 정말로 무슨 일이 일어날지 알 수 없기 때문이다.

무슨 일이 일어나도 정상이다

엄청난 혼란 속에서 평상심을 잃지 않는 한 가지 방법은 혼란이 지극히 정상적인 일이라고 생각하는 것이다. 늘 좋은 일만 일어나리라는 법은 없다. 나쁜 일도 충분히 일어날 수 있다. 예컨대 악천후로 인해 항공기 이륙이 취소되는 경우를 생각해보자. 비행기를 자주 이용하는 나는 예정된 비행편이 취소될 경우 계획에 차질이 생기고 일정을 다시 짜야 하는 곤란한 상황에 처하게 된다. 그런데 비행편이 취소되는 경우는 의외로 빈번하게 발생한다.

나는 비행편이 취소될 수도 있다는 사실을 알기 때문에 이제는 그런 상황이 오더라도 크게 당황하지 않는다. 대신에 다른 대안을 찾거나 약속 시간에 도착하지 못해서 생길 수 있는 손해를 줄이려고 노력한다. 주위를 둘러보면, 자신에게 닥친 일에 노련하게 대처하는 사람이 있는가 하면, 별일이 아닌데도 당황하거나 분통을 터뜨리는 사람도 있다.

'무슨 일이 일어나도 정상이다' 라는 생각을 갖는 것은 전혀 예상치 못한 변화에도 현명하게 대처할 수 있게 해준다. 반면 그러한 생각을 갖고 있지 않는 사람은 작은 변화에도 당황하고 만다. 당신도 이 두

가지 유형의 사람들을 경험해본 적이 있을 것이다. 계획이나 정책, 스케줄 등이 변경되면 크게 낙담하거나 화를 내는 사람들이 있다. 이런 부류의 사람들은 대개 계획이 바뀌었을 때 일을 제대로 수행하지 못한다.

또 어떤 사람들은 변화가 닥쳐와도 무리 없이 잘 대처한다. 조직이 필요로 하는 것은 바로 이런 사람들이다. 어려운 여건하에서도 자신의 임무를 잘 수행해 나가는 능력을 갖춘 사람은 일상적으로 압박이 가해지는 오늘날의 경쟁 사회에서 진가를 발휘한다.

어떻게 보느냐에 달려 있다

일부 기업은 경제 상황이나 시장 여건에 관계없이 항상 기회를 창출해내는 능력이 뛰어나다. 그런 능력은 감쪽같은 속임수가 아니라 상황을 바라보는 관점의 차이에서 나온다. 내가 인식하는 현실과 다른 사람이 인식하는 현실은 분명 다를 수 있다. 문제는, 가장 좋은 기회를 창출할 수 있는 관점을 선택해야 한다는 것이다.

어려운 상황에 처했을 때 필요 이상으로 낙관하거나 좋은 상황인 것처럼 꾸미라는 말이 아니다. 보다 창의적이고 능동적으로 기회를 창출하라는 의미이다. 창의적 인식은 똑같은 사물을 보더라도 남들이 발견하지 못한 무언가를 찾아내는 능력이다. 까다로운 문제에 직면하거나 예상치 못한 일이 닥쳤을 때, 심각한 곤경에 처했다고 생각하는 것이 보통이다. 하지만 그 상황을 다르게 볼 수도 있다.

창의적 인식 능력이 뛰어난 기업은 다른 기업들에게는 곤경으로 여겨지는 시기가 자신들에겐 기회임을 입증한다. 1970년대 말 내가 부동산 업계에 몸담고 있었을 당시, 은행 이율이 하루가 멀다하고 고공행진을 거듭하고 있었다. 이율이 떨어질 기미가 보이지 않자 결국 많은 부동산 업자들이 백기를 들고 업계를 떠났다.

나는 바로 그때가 시장점유율을 높일 수 있는 절호의 기회임을 간파했다. 마찬가지로, 노련한 기업은 위기가 또 다른 기회라는 사실을 잘 알고 있다. 왜냐하면 경쟁자들이 다른 쪽으로 우루루 빠져나가기 때문이다. 이것은 동기부여를 위한 긍정적인 사고의 한 종류가 아니라, 비즈니스다. 결국 돈을 벌기 위해서는 다른 사람들과 다른 방식으로 상황을 내다보는 안목이 있어야 한다.

급류타기

내가 가장 좋아하는 야외 취미활동은 급류타기이다. 자연을 즐기며 동시에 다양한 방법으로 스스로를 시험하기에는 급류타기만큼 좋은 게 또 있을까.

새먼 강의 미들 포크(Middle Fork)에서 급류타기를 하면서, 나는 팀워크에 관한 교훈을 얻었다. 나는 일주일 동안 12명의 다른 팀원들과 함께 급류를 헤쳐가면서 세상에서 가장 멋진 경치를 감상했다. 빨간 머리에 키가 크고 마른 체형의 팀장이 우리 일행을 인도했다. 그는 말수는 적었지만 부드러운 인상을 풍기는 사람이었다. 그가 하는 대부분의 말들은 귀를 기울여야 하는 중요한 이야기였다.

사흘째 되던 날, 우리 일행은 물살이 센 지점에 도달했다. 완만한 급류 쪽으로 가려면 수심이 깊은 그곳을 통과하지 않으면 안 되었다. 물소리가 천둥소리처럼 아주 가까이에서 들렸다. 우리는 잔뜩 겁에 질려 있었고, 더 이상 앞으로 나아가기가 어려울 듯싶었다.

우리보다 먼저 출발한 다른 팀들은 모두 양쪽 강둑에 올라서서 거센 물살을 어떻게 헤쳐 나갈지 궁리 중이었다. 나는 팀장과 함께 강둑에 있는 다른 팀들 쪽으로 다가갔다. 그들 가운데 한 명이 고개를 돌리며 놀란 눈으로 말했다. "우와, 물살이 정말 엄청난걸." 팀장도 물살을 바라보면서 "정신이 바짝 들게 하는군" 하고 말했다. 그리고 뭔가를 잠시 생각하더니 결심이라도 선 듯 나를 향해 "자, 갑시다" 하고 말했다. 그는 뒤돌아서서 보트가 있는 쪽으로 뚜벅뚜벅 걸어갔다. "무슨 좋은 계획이라도 있나요?" 내가 묻자 그는 계속 걸어가면서 이렇게 말했다. "우리 한번 부딪쳐봅시다."

팀워크

팀장은 팀원들에게 돌아와 차분하면서도 분명한 어조로 급류가 얼마나 위험한지를 설명한 다음 이렇게 말했다. "이번 급류타기에 반드시 도전할 필요는 없습니다. 원한다면 빠져도 좋아요." 그는 계속 말을 이었다.

"그래도 도전할 사람은 저와 팀원들의 눈을 똑바로 쳐다보면서 정말로 최선을 다하겠다고 다짐해야 합니다. 모두 힘을 합해 노를 저어야 해요. 이것이 거센 물살을 통과할 수 있는 유일한 방법입니다."

조직에서 가장 중요한 결정은 무엇을 하느냐가 아니라 누가 하느냐라는 말이 있다. 이는 변화에 무모하게 뛰어들기보다는 구성원 모두가 승선할 각오가 되어 있는지를 결정해야 한다는 의미이다.

팀장은 한 사람씩 돌아가면서 정말로 의지가 확고한지를 물었다. 팀원들은 하나같이 전력을 다하겠다는 각오를 보였다.

팀장은 우리 일행이 즉각적으로 대처해야 할 아주 중요한 순간에 대해 말했다. "평이한 급류를 지날 때에는 어떤 방향으로 갈지 미리 알려드렸었죠? 하지만 이번 급류에서는 그렇게 할 수 없습니다. 그때그때 상황에 따라 제 지시를 따라주세요. 좌측으로 저으라고 하면 신속히 좌측으로 노를 저어야 합니다. 정신을 바짝 차리면 아무 문제도 없을 겁니다."

일행 몇은 급류를 타지 않고 그냥 걸어가기로 했다. 그들이 스스로에게 정직한 것에 대해서 배에 남은 나머지 일행은 경의를 표했다. 급류타기를 결심한 사람들은 각자 맡은 임무에 집중했고, 강물이 우리를 집어삼키더라도 헤쳐 나가겠다는 굳은 결의를 보였다. 이날의 급류타기는 결국 행복한 결말로 끝을 맺었다. 우리 일행은 거센 물살을 성공적으로 통과했고 지금껏 경험해보지 못한 진정한 쾌감을 맛볼 수 있었다.

나는 급류타기 경험을 통해 사업에도 적용할 수 있는 몇 가지 교훈을 얻었다. 급류타기에서 성공하려면 공동의 목표에 헌신할 준비가 된 사람들과 한배에 타야 한다. 그리고 목적의식과 확신을 갖고 변화에 대처해야 한다. 이는 변화의 거센 물살을 헤쳐 나가야 하는 기업의 경우도 마찬가지다.

퀼 역시 사업을 한 단계 더 발전시키기 위해 그들 나름의 급류타기 과정에 뛰어들었다. 퀼의 래리 모스는 이렇게 말한다. "가능한 한 많은 사람들을 동참시켜야 합니다. 다음 단계로 도약하려면 끊임없는 관심과 집중이 필요하죠. 경쟁사에서 하지 않으려는 일을 우리가 해야만 합니다. 우리는 서비스의 수준을 높이고 경쟁사들이 하지 않는 서비스를 제공할 방법을 끊임없이 찾고 있죠. 우리는 의식적으로 그렇게 하기로 결정했고, 날마다 그 결정을 되새기고 있습니다."

CST의 바비 브래들리도 이와 비슷한 견해를 밝혔다. "전 직원들이 동참해서 무슨 일이든 해야 합니다. 관리자들은 모범을 보여야 하고, 업무 성과가 뛰어난 직원들은 보상을 해주어야 합니다. 여기서 빠지려는 사람이 있다면 그 이유를 알아내서 문제를 시정해야 해요. 그런데도 끝까지 동참하기를 거부한다면, 그들은 결국 회사를 떠날 수밖에 없습니다. 모두가 한배에 타기란 결코 쉽지 않습니다."

어려운 진실

때때로 자신과 잘 맞지 않는 팀에서 일하게 되는 경우가 있다. 이는 개인뿐 아니라 조직을 위해서도 잘못된 것이다. 둥근 구멍에 네모진 말뚝을 박아야 하는 상황이라면 양쪽이 현실을 솔직하게 인정하고 해결책을 찾기 위해 협력해야 한다. 경우에 따라 어느 한쪽이 떠나는 것이 현명한 결정일 수 있다.

지역 체육관에서 주관하는 농구팀에 가입하는 경우도 이 같은 상황이 발생할 수 있다. 당신은 주말 아침을 활기차게 보내고 체력단련도 할 겸 해서 농구팀에 가입했다. 새로운 사람들을 만나서 친구가 되고 싶다는 기대도 있었다.

그런데 농구팀에 들어온 다른 사람들은 자신과는 생각이 달랐다. 그들은 지역대회 우승에 생사가 달려 있기라도 한 것처럼 당신이 일주일에 세 번씩 연습 게임에 참가하고 엄격한 체력단련을 하기를 바란다. 하지만 당신은 재미 삼아 가입한 것이기 때문에 그 정도까지 무리하게 하고 싶진 않다.

다른 사람에게는 신나는 일이 자신에게는 하나도 재미없을 수 있다. 이런 경우에는 자신과 맞는 다른 사람을 찾으면 된다. 그렇게 하는 것이 자신이나 다른 팀원들에게도 좋으며, 또 그런 결정을 탓할 사람은 아무도 없다. 기업도 마찬가지다. 때때로 직원들은 다른 팀으로 옮길 필요가 있다. 이는 누가 옳고 그르냐의 문제가 아니라, 단지 성향의 차이일 뿐이다.

도전을 즐겨라

급류타기는 계속된다. 때때로 변화는 예전에 경험해보지 못했던 가장 흥분되고 두려운 것일 수 있다. 독보적 기업은 도전을 즐긴다. 그들은 강둑에 머물러 있기보다 급류 속으로 돌진하는 것이 더 재미있다는 것을 알고 있다. 강둑에 비켜 서 있는 것이 안전해 보이지만, 거기서는 아무것도 성취할 수 없다. 그리고 언젠가는 강둑이 반드시 안전한 것만도 아니라는 사실을 깨닫게 될 것이다.

04
평범함의 함정에서 벗어나라

잠깐이면 돼요!

켄터키 주 루이스빌의 65번 고속도로를 달리다 보면 엄청난 크기의 광고판이 한눈에 들어온다. 광고 효과는 물론이고 운전자들의 지루함까지 달래려고 세워놓은 것처럼 보이는 그 광고판에는 사진도 그림도 없이 화려한 색상으로 큼직하게 쓰여진 네 단어만 눈에 확 띈다.

찰리 문신 —
잠깐이면 돼요!

광고판에 적힌 문구가 머릿속에 떠오른 것은 그 지점에서 10킬로미

터쯤 벗어났을 때였다. 문득 '당연히 잠깐이면 되겠지!' 라는 생각이 들었다. 그건 문신점이니까 시술이 오래 걸리면 안 된다. 하지만 다른 가게들의 문신점도 잠깐 동안에 시술이 가능하다. 결국 그 문구는 '다른 문신 가게와 우리 가게는 별로 다르지 않지만, 아무튼 우리와 거래합시다' 라고 광고하는 셈이었다.

안타까운 현실

"어째서 당신과 거래를 해야 하죠?" 기업들은 이 질문을 곰곰이 생각해보아야 한다. 대부분의 기업들은 이런 질문에 가장 일반적인 대답만을 들려줄 뿐이다. 앞서 예로 든 찰리의 문신점이 그렇듯이 기업들이 경쟁사와 별반 다르지 않은 조건으로 승부하려 한다는 것은 안타깝지만 사실이다. 많은 기업들이 아무 생각 없이 이렇게 말하곤 한다. "자, 우리와 거래합시다. 경쟁사와 별 차이는 없지만, 정말 잘 할 수 있습니다." 이런 식으로는 경쟁사와의 차별화를 기대하기 어렵다.

시장에는 비슷비슷한 상품들이 넘쳐난다. 그리고 고객들은 여러 회사의 제품들을 하나하나 비교해보고, 품질에 차이가 없을 경우 값이 더 저렴한 제품을 구입한다. 소비자의 판단은 정확하다. 그들은 기업도 하나의 상품으로 인식하고 있다. 기업 역시 철물점에 가득 쌓아놓은 못 무더기 가운데 하나일 뿐이다. 사실상 가격을 제외하고는 아무런 차이도 없다. 고객의 인식을 확 바꿔놓을 만한 무언가를 하지 않는 한 말이다.

평범함을 뛰어넘기

오늘날 기업의 가장 큰 과제는 평범함을 뛰어넘는 것이다. 소비자의 입장에서 볼 때, 어떤 기업의 제품이나 서비스가 다른 경쟁사와 근본적인 차이가 없다면 제품 구입을 결정하는 요소는 가격이다. 이러한 기업들은 '우리 제품이 가장 저렴합니다' 라는 구호를 전면에 내걸고 마진율이 낮은 최저가 경쟁을 벌이는 수밖에 없다. 따라서 가격 경쟁의 함정을 피하려면 경쟁의 규칙, 즉 고객의 판단 기준을 바꿔놓아야 한다. 이를 위해 기업은 평범함의 수준을 뛰어넘어야 하고, 나아가 비교 자체가 불가능하도록 만들어야 한다.

다른 경쟁업체들이 모두 오렌지라면 자신은 사과가 되어야 한다. 소비자에게 색다른 경험을 선사해 스스로를 차별화해야만 평범함을 뛰어넘을 수 있다. 제품과 기술만으로 그런 경험을 제공하는 경우는 아주 드물다. 가장 효과적인 방법은 사람을 통해 행해지는 것이다. 시장에 진입하려면 좋은 품질의 제품과 서비스를 제공해야 하고 가격 경쟁력에서 앞서가야 한다. 하지만 이것은 시작에 불과할 뿐이며, 진정한 경쟁은 그 다음부터이다.

출발점

평범함을 뛰어넘는 첫 번째 단계는 자신의 기업도 하나의 상품에 지나지 않는다는 사실을 인정하는 것에서 출발하는 것이다. 애써 변명하려 하지 말고, 사실을 있는 그대로 인정하라. "우리 회사도 경쟁사와 별로 다를 바 없어. 자, 그렇다면 이제 어떻게 해야 할까?" 바로 이런 관점에서 출발하는 것이 훨씬 더 유용하다.

이는 자신의 위치를 떨어뜨리라는 말이 아니라, 소비자와 잠재 고객의 눈으로 현실을 보다 객관적으로 바라보아야 한다는 의미이다. 물고기를 잡으려면 어부가 아니라 물고기처럼 생각해야 한다는 말이 있다. 이제 당신도 물고기처럼 생각하는 연습을 해야 한다.

거짓 약속의 함정

기업이 저지르기 쉬운 가장 위험한 행동 가운데 하나는 거짓 약속을 내세워 경쟁사와의 차별화를 꾀하는 것이다. 이런 식의 전략은 아주 단순하다. "고객들로 하여금 우리 회사가 경쟁업체보다 우수하다고 믿게 만들자. 그 사람들이 일일이 확인할 건 아니잖아"라고 말하는 식이다.

하지만 이 같은 전략은 결코 성공할 수 없다. 소비자들이 어리석다는 가정에서 출발한 것이기 때문이다.

거짓 약속을 내거는 기업이 있다면, 도대체 제정신인지 묻고 싶다. 그런 약속을 떠벌리는 그들조차도 한 명의 소비자이지 않은가? 말만 번지르르한 헛된 약속에 실망하고 분개했던 경험을 그들은 해보지 않았단 말인가? 과대광고를 하다가 막대한 손해를 입은 기업들을 보지도 못했단 말인가? 그런 거짓 약속을 전략으로 내세우는 기업은 차별화는커녕 오히려 깊은 함정에 빠질 수 있다.

위험한 선전

한번은 사업상의 일로 샌안토니오를 방문한 적이 있었다. 숙소로 정한 호텔 로비에 도착하니 호텔 측에서 내건 선전 문구들이 제일 먼저 눈에 들어왔다.

'누구도 따라올 수 없어요!'

선전 문구는 로비에 가장 크게 걸려 있었고 안내 데스크의 작은 표지판에도, 직원들의 양복 깃에도, 심지어 엘리베이터와 객실까지 어느 한 곳 빠짐없이 적혀 있었다. 하나같이 '누구도 따라올 수 없어요!' 라는 문구였다. 내가 보기에 그것은 아주 위험한 생각이었다.

객실로 들어서니 근사한 음식들이 준비되어 있었다. 나는 음식을 주문한 적이 없었으므로 뭔가 착오가 생긴 거라고 판단했다. 메모지를 펴보니, 내가 '이 달의 고객'으로 뽑혔으며, 당첨자에게는 시원한 맥주와 안주용 샐러드와 감자튀김, 그리고 짚으로 만든 카우보이 모자를 선물로 준다는 내용이었다. 그리고 호텔 매니저의 이름으로 쪽지 한 장이 더 있었다. 지금 자신들의 호텔에서 '누구도 따라올 수 없어요!' 라는 캠페인을 진행 중인데, 음식을 들면서 그에 관한 설문조사에 응해달라는 거였다. 어렵지 않은 부탁이었으므로, 나는 우선 맥주를 따라 목을 축인 다음 설문지를 작성하기 시작했다.

사람을 잘못 골랐소!

만일 호텔 측이 내 조언을 받아들였다면 그들은 사람을 제대로 고른 셈이다. 사실 나는 설문지에 온갖 혹평을 써놓았다. 호텔 측에 주의를 주고 싶었고, '누구도 따라올 수 없어요!' 라는 캠페인이 얼마나 바보 같은 짓인지 깨닫게 해주려고 한 것이다.

어쩌면 이 호텔 마케팅 부서의 얼간이들은 이런 말을 주고받았을지도 모른다. "사실 우리 호텔이 다른 곳보다 특별히 나을 건 없어. 그저그런 평범한 호텔인데 별다른 차이가 있겠어? 그렇다고 많은 걸 바꾸고 서비스를 개선하려면 시간과 비용이 너무 많이 들지. 그러니까 실제로 더 나아지진 않았더라도 그런 식으로 홍보하자구. 아마 손님도 많이 늘고 홍보물 제작 비용도 얼마 들지 않을 테니까 말이야."

내가 묵었던 이 호텔의 문제점을 하나하나 늘어놓을 생각은 없다. 다만 안내직원은 불친절했고, 객실은 지저분했으며, 전구 몇 개는 불이 들어오지 않았다는 사실만 지적해두자.

자, 이제 '누구도 따라올 수 없어요!' 라는 홍보 문구의 의미를 파악했는가? 만일 호텔 측에서 그 같은 문구를 여기저기에 내걸지만 않았더라도 문제점을 그렇게 많이 지적할 필요도 없었고, 다른 호텔과 비교해서 느낀 점만 적고 말았을 것이다. 그런데 그들은 '누구도 따라올 수 없어요!' 라는 문구를 서슴없이 내세우지 않았던가. 그토록 뻔뻔하고 몰염치하게 거짓말을 해놓았으니 손님인 내 입장에서는 도저히 가만히 있을 수가 없었던 것이다.

거짓 포장을 하지 말라

이 모든 소동은 어쩌면 어느 날 느닷없이 호텔의 부사장이 '누구도 따라올 수 없어요!'라는 독창적이고 획기적인 컨셉을 들고 나온 데서 비롯된 것인지도 모른다. '돼지와 씨름하지 말라'는 말이 있다. 돼지를 화나게 하고 옷만 더럽힐 뿐이기 때문이다. 나는 같은 맥락에서 이런 말을 덧붙이고 싶다. '자신을 거짓으로 포장하지 말라.' 그것은 어리석은 행동이며, 고객을 짜증나게 할 뿐이다. 그리고 그 고객은 두번 다시 그 회사를 찾지 않을 것이다.

자신의 서비스가 월등하다고 거짓으로 선전해서는 안 된다. 하지만 놀랍게도 수많은 기업들이 버젓이 그런 일들을 행하고 있다. 이들은 십중팔구 다음과 같이 생각할 것이다. '광고 캠페인을 벌여서 우리 서비스가 최고라고 알리자. 서비스가 개선되지 않았어도 개선됐다고 말하는 거야.'

나는 시장점유율이 계속 하락하고 있는 한 대형 은행의 컨설팅을 맡은 적이 있다. 당시 은행 측은 고객관계나 서비스 개선이라는 힘든 일은 모두 제쳐둔 채 광고에만 열중하고 있었다. 얼마나 영리한 사람들인가. 아무런 실질직인 노력 없이 실제로 고객 서비스를 개선했을 때의 이익을 얻으려 하다니 말이다. 그들이 내세운 광고 문구는 '고객이 우선입니다'였다.

'고객이 우선입니다'라는 광고 문구를 제일 많이 보는 사람은 누구였을까? 바로 그 은행의 직원들이다.

어쩌면 그들은 배꼽을 쥐고 웃었을지도 모른다. 얼마나 황당했겠는가? '고객이 우선'이라고? 지나가던 소가 웃을 노릇이다. 고객들은 영리해서 그런 말에 쉽게 넘어가지 않는다. 실제로 이 은행의 사정은 처음보다 훨씬 나빠졌다. 어리석고 진심이 담겨 있지 않은 광고는 사실상 그들의 가장 큰 약점을 드러냈을 뿐이었다. 그리고 고객 대응은 다른 은행에 비해 너무 형편없었다.

고객은 진실을 안다

많은 사람들을 오랫동안 바보 취급하기란 거의 불가능하다. 자신의 기업이 가장 훌륭하다는 식의 광고 캠페인을 계획 중인 기업이 있다면 다시 한번 고려해보아야 할 것이다.

고객은 진실을 알고 있다. 그러므로 그런 광고 캠페인을 할 수 있으려면, 당신의 기업은 정말로 훌륭해야 한다. 사실과 다른 헛된 약속은 더 이상 먹혀들지 않는다. 오늘날 소비자들은 다양한 시장 정보를 접하고 있다. 따라서 기업이 내거는 거짓말에 쉽게 속아 넘어가지 않는다. 과거에는 소비자가 무력했을지 몰라도 이제는 기업이 거짓말을 하도록 내버려두지 않는다. 소비자는 정확한 판단력과 강한 힘을 모두 갖고 있다.

만일 자신들을 속이거나 부당한 대우를 했을 경우, 그들은 그 기업과 거래를 끊는 것은 물론이고, 잘못된 점까지 바로잡으려고 한다. 소비자들은 소비자보호원에 즉각 신고를 하거나 방송국에 전화를 건다. 혹은 고발이나 소송과 같은 법적 조치를 취하기도 한다. 과거에는 제품이나 서비스에 대한 기업의 과장된 선전이 '일상적'이었다. 그리고 그러한 행동은 다소간 용인되는 분위기였다. 하지만 오늘날에는 기업이 한번 내건 약속은 반드시 지켜야 하고, 또 그 이상의 가치를 제공해야 한다. 이제 약속을 지키지 않는 기업은 큰코를 다칠 것이다.

품질과 가격 뛰어넘기

기업이 평범함의 함정에서 벗어나려면 독특한 차별화 방법을 모색해야 한다. 이것은 지금까지 소홀히 했던 부분을 다시 점검해보는 것이며, 가격과 품질, 서비스라는 기본 요건을 뛰어넘는 것을 의미한다.

사업을 하는 사람들 중에는 저렴한 가격을 경쟁 무기로 삼는 경우를 흔히 볼 수 있다. 구매자들이 저렴한 가격을 가장 중요하게 여기기 때문이란 것이다. 그 말이 사실이라면 사업자가 할 일은 두 가지밖에 없다. 가장 저렴한 가격을 확보하면서도 이윤을 남기는 방법을 찾거나, 사업을 포기하는 것이다.

하지만 이것은 옳은 생각이 아니다. 다시 말해 기업 스스로 경쟁사와 차별화할 능력이 없으면서 고객들이 오로지 가격만 고려한다는 쪽으로 핑계를 대는 것이나 다름없다.

그렇다면 진실은 무엇인가? 제품을 구입하려는 사람들은 무엇보다도 가치를 추구한다. 즉 자신의 문제를 해결하거나 기회를 창출할 방법을 찾고 있는 것이다. 구매자가 무슨 말을 하든지 간에, 가격이 구매의 유일한 고려 요인일 리가 없다. 제품을 구매하는 데 있어 가장 우선적인 요소는 가치이며, 그 원칙은 앞으로도 변함이 없을 것이다.

충분한 조언

그렇지만 자신이 판매하는 제품이 일상에서 흔히 쓰이는 제품인 경우는 어떨까? 수북이 쌓인 못 무더기 중에서 하나를 파는 일이라면? 이런 경우에도 경쟁사와 차별화할 수 있는 요소는 가격밖에 없는 것일까? 실제로 범용 제품을 판매하는 회사들은 어떻게 하고 있는지, 시장에서는 어떤 일이 벌어지고 있는지 알아보자.

철물 제품과 건축용 자재를 판매하는 홈 데포(Home Depot), 루스(Lowe's), 트루 밸류 하드웨어(True Value Hardware)는 모두 유사한 제품들을 판매하는 소매기업이다. 이들은 너나 할 것 없이 저렴한 가격을 내세우고 있다. 따라서, 만일 가격이 구매를 결정하는 요소의 전부라면, 가장 싼 값에 물건을 판매하는 기업이 업계 선두 자리를 차지하게 될 것이다. 하지만 철물 제품이나 건축용 자재는 회사별로 큰 차이가 없다. 따라서 소비자를 만족시키기 위해서는 낮은 가격 이상의 무언가를 더 제시해야만 한다.

소비자가 구매한 제품을 유용하게 사용할 수 있도록 도움을 주는 것도 한 가지 방법이다. 즉 소비자가 자신의 집안을 효과적으로 꾸미거나 수리할 수 있도록 전문가로서 충분한 조언을 해주는 것이다.

노래하는 항공사

허브 켈러허(Herb Kelleher)가 사우스웨스트 항공사를 처음 설립했을 당시, 그는 자신의 사업이 범용 서비스 분야라는 것을 알았다. 말하자면 항공 사업은 어느 한 지역에서 다른 지역으로 사람을 실어 나나르는 일이었으며, 그런 종류의 사업은 어디서든 찾아볼 수 있었다.

사우스웨스트 항공은 사업 초기부터 가격 경쟁력을 확보하기로 결정하고, 그것을 사업의 기본 전략으로 삼았다. 그런데 저렴한 가격만으로는 충분하지 않았다. 대형 항공사들이 많은 노선에서 자신들과 비슷한 가격에 서비스를 제공하고 있을 뿐만 아니라, 더욱 싼 요금으로 사람을 실어 나르는 운송업체들이 있었기 때문이다.

현재 사우스웨스트 항공은 그러한 범용 서비스 분야에서 나름의 경쟁력을 갖추고 있다. 사우스웨스트 항공은 항공료가 저렴하면서도 대단히 효과적인 사업 운영과 탁월한 서비스를 제공한다. 사우스웨스트 항공이 다른 운송업체들과 특히 다른 점은 승객들을 지루하지 않게 해주는 그들만의 능력이다. 사우스웨스트 항공을 이용해본 사람이라면, 그곳 승무원들이 다른 항공사 승무원과는 확연히 다르다는 점을 알아챘을 것이다. 사우스웨스트 항공의 직원들은 승객들을 즐겁게 해주겠다는 사명감을 가지고 우스꽝스런 옷을 입고 표를 판매하는가 하면, 탑승을 기다리는 고객에게 다가가 유쾌한 농담을 건네기도 한다. 기내에서도 승무원들이 노래를 부르거나 재미있는 게임을 하면서 기발하고 엉뚱한 행동으로 승객들을 웃게 만든다. 그런 사소한 행동들 하나하나가 평범함을 뛰어넘어 독보적 기업이 되고자 하는 사우스웨스트 항공의 새로운 시도라고 할 수 있다.

엉뚱하고 재미있는 발상을 통해 고객들에게 즐거움을 선사하는 사우스웨스트 항공의 노력은 경쟁사와 차별화되는 성과를 거두었을까? 미 교통부 발표에 따르면, 사우스웨스트 항공은 고객 만족도와 업무 평가 항목에서 다른 경쟁사들에 비해 월등히 높은 점수를 받았다. 『포춘』지에서 선정한 '가장 존경받는 기업' 순위에서도 사우스웨스트 항공이 빠진 적은 없다. 항공업계는 경쟁이 가장 치열한 업종 가운데 하나지만, 사우스웨스트 항공은 30년 이상 흑자 행진을 멈추지 않고 있다.

간편한 쇼핑

다양한 제품을 취급하는 잡화점 분야에서도 고객 확보를 위해 오랫동안 저렴한 가격을 무기로 전쟁을 치러왔다. 특가 행사, 할인 쿠폰 증정, 회원 카드를 통한 할인 혜택 등이 잡화점들이 주로 사용해 온 마케팅 전략이었다. 하지만 이들은 더 많은 고객을 확보하고 유지하기 위해서는 저렴한 가격 이상의 무언가가 필요하다는 사실을 점차 깨닫기 시작했다.

H. G. 힐 푸드 스토어(H. G. Hill Food Store)는 다른 점포들과 별반 다를 바 없는 평범함의 함정에서 벗어나려면, 저렴한 가격뿐만 아니라 고객의 쇼핑 경험에서 가치를 창출해야 한다고 판단했다. 최근 H. G. 힐은 계산대의 직원 수를 늘려서 주위의 다른 점포보다 더 빨리

쇼핑을 마칠 수 있다고 선전한다. "H. G. 힐 푸드 스토어는 더욱 간편해요." 이것이 그들이 내세우는 선전 문구이다. 소비자들은 대개 품질 좋은 제품이나 저렴한 가격만 생각하며 쇼핑을 하지만, H. G. 힐은 그 예상을 뛰어넘었다. 바로 소비자가 자신들의 점포에서 '물건을 사고 싶다'고 생각하도록 발상을 전환한 것이다.

전통적인 개념의 서비스를 초월할 때 진정한 경쟁력이 생긴다. 고객의 문제를 가장 잘 해결하고, 고객이 제품을 편리하게 사용할 수 있도록 도움을 주며, 고객을 배려한다는 느낌이나 경험을 전하는 것이 무엇보다 중요해졌다. 망치나 못, 비행기 좌석, 주변에서 흔히 접하는 일상용품을 판매하는 경우에도 실제 거래의 핵심은 가격이나 제품이 전부가 아니다.

BMW와 품질

자신과 경쟁사를 비교해보고 어떤 측면에서 차별화가 가능한지, 또는 어떤 점에서 차별화가 되지 않는지 생각해보라.

요즘에는 회사별로 제품의 품질 차이가 크게 나지 않은 편이다. 그런데도 모든 기업은 자신들이 만든 제품이 가장 우수하다고 내세우고 있다. 솔직히 말해서, 시장에서 제품의 품질이 평준화된 지는 한참이 지났다. 품질만으로 경쟁력을 확보하기는 어렵다는 말이다.

제품의 품질에 크게 좌우되는 업종의 경우는 어떨지 생각해보자. 고급 승용차 시장을 예로 들어보자. 나는 수년 동안 BMW를 비롯한 많은 자동차 회사들과 함께 일해 왔다. BMW는 품질에 특히 신경을 쓰고 있으며, 출시되는 모든 자동차에 장인정신을 구현하기 위해 노력한다. BMW는 가격도 상당히 비싼 편이다.

몇 년 전까지만 해도 BMW는 고급 승용차라는 사실 하나만으로 비싼 값을 받을 수 있었다. BMW라는 제품의 가치에 의문을 제기하는 사람이 있을 경우, '품질이 뛰어나다'는 말 한마디면 충분한 답변이 되었다. 사실이 그랬다. 고급 승용차의 대명사 격인 BMW의 획기적인 품질 보증과 명성은 널리 알려져 있었고, 고객들 역시 기꺼이 비싼 값을 지불했다.

오늘날의 자동차 시장에 대해서는 두 가지 사항을 고려해볼 수 있다. 요즘 생산되는 자동차는 어느 회사 제품 가릴 것 없이 성능이 우수하다. 불과 몇 년 전까지만 해도 자동차의 성능은 확실한 차별적 요소였다. 따라서 BMW, 닛산(Nissan), 메르세데스(Mercedes), 도요타(Toyota) 같은 고급 승용차와 다소 성능이 떨어지는 다른 브랜드의 승용차들을 확실하게 구분할 수 있었다. 그런데 이제는 그러한 품질상의 차이가 거의 없어졌다. 현대자동차의 품질 보증만 봐도 알 수 있지 않은가! 값비싼 고급 승용차가 제공하는 보증 못지않은 조건으로 품질 보증을 받을 수 있는 것이다.

한편 BMW와 비교 대상인 다른 승용차 제품군의 경우도 따져보자. BMW와 비교되는 자동차는 주로 메르세데스, 렉서스(Lexus), 재규어(Jaguar), 아우디(Audi), 캐딜락(Cadillac), 그리고 그외의 최상급 자동차들이다. 이들 제품은 성능에 큰 차이가 없다. BMW 역시 여러 자동차들 가운데 한 종류일 뿐이다.

BMW처럼 향후 자동차 시장에서 성공을 거둘 기업들은, 자동차의 성능은 시장 진입을 위한 기본 요건에 지나지 않으며 성능만으로는 차별화를 꾀할 수 없다는 것을 잘 알고 있다. BMW는 여전히 품질에 집착하고 있으며, 앞으로도 그럴 것이다. 하지만 다른 경쟁사들처럼 그들 역시 고객 충성도를 창출하기 위한 방안을 모색 중이다. 한 가지 아이러니컬한 사실은, 품질이 우수한 제품을 만들었을 때 그 비교 대상은 다른 고급 제품들이 되어버리며, 결국 경쟁을 판가름하는 실제적인 요소는 품질이 아닌 다른 무언가라는 점이다.

사람이 경쟁력이다

경쟁사가 따라올 수 없는 자신만의 장점은 무엇인가? 자신의 경쟁력이 어느 정도의 수준인지 솔직하게 털어놓아 보자. 다른 무수한 회사들을 제쳐두고 유독 당신의 회사와 거래할 만한 특별한 이유라도 있는가? 경쟁사들과 확실히 다른 점이 무엇인가?

당신이 무슨 말을 할지 짐작이 간다. 결국 고객끌기 전투에서 살아남을 수 있는 일급 비밀 무기를 떠올릴 것이다. "물론 사람이죠. 우리 직원들은 능력이 탁월할 뿐만 아니라 고객들을 진심으로 배려합니다." 이런 말을 하고 싶은 게 아닌가.

맞는 말이다. 사람이야말로 당신이 경쟁에서 앞설 수 있게 해주는 진정한 차별화 요소이다. 하지만 그러한 요소가 빛을 보기 위해서는 한 가지 전제가 있다. 바로 당신의 경쟁자들에게 똑같은 질문을 던졌을 때, 다음과 같은 대답이 나와야 한다.

우리 회사의 직원들은

- 맡은 일을 엉망으로 처리하기 일쑤고,
- 도무지 새로운 것을 배우려고 하지 않으며,
- 제품에 대한 지식이 없고,
- 세련되거나 예의 바르지도 않으며,
- 소 닭 보듯 고객을 대합니다.

현실적으로 생각해보자. 만약 당신의 경쟁사가 위와 같이 무능한 직원들로 가득 차 있다면, 그들은 이미 사업에서 손을 뗐을 것이다. 그리고 경쟁자인 당신의 기업은 막대한 돈을 벌어들이며 시장을 호령하고 있을 것이다.

당신의 직원들이 더 낫다면, 어디 한번 증명해보라. 경쟁업체가 하지 못하는 어떤 특별한 일을 하고 있는가? 직원 교육은 어떤 점에서 다른 회사보다 더 나은가? 경쟁업체에 비해 어떤 식으로 고객들을 잘 대하고 있는가?

이러한 것들을 증명할 수 있다면, 그 회사는 이미 대단한 성취를 이룬 것이나 다름없다. 사실상 사람은 기업으로 하여금 평범함을 뛰어넘고 비교 자체를 거부하도록 만드는 가장 중요한 차별화 요소이기 때문이다.

경쟁사도 똑같이 말한다

몇 년 전 대형 은행 지점장들을 대상으로 포괄적인 세일즈 교육을 실시한 적이 있었다. 당시 나는 교육의 한 과정으로 지점장들에게 과제를 냈다. 가상의 소비자를 대상으로 한 프리젠테이션을 준비해 오라는 과제였다. 그 당시 내가 제시했던 시나리오는 지점장들이 다른 은행을 이용해본 적이 있는 잠재 고객들을 대상으로 자신의 은행을 설명하는 것이었다. 나는 지점장들에게 다른 은행과 확실히 구별되는 독창적인 고객 확보 계획을 세워 올 것을 요구했다. 창구 이용이 편리하다든지, 서비스가 뛰어나다든지, 혹은 직원이 친절하고 유능하다는 등의 기본적인 사항은 발표 내용에 넣지 말라는 말도 덧붙였다. 다른 은행도 똑같이 말하고 실행하는 내용을 반복할 필요는 없기 때문이었다. 나는 예상을 깨는 파격적인 차별점을 제시할 것을 주문했다.

다음날 지점장들의 발표가 있었다. 한 명 두 명 발표가 이어졌는데, 그들은 모두 똑같은 말을 되풀이하고 있었다.

"우리 은행은 완벽한 창구 서비스를 제공합니다."

"우리 은행은 지점이 여러 군데 있어서 편리하게 이용할 수 있습니다."

"우리 은행의 강점은 바로 직원들입니다! 친절하고 업무에 능숙한 직원들이 손님들에게 큰 도움을 드릴 겁니다."

전혀 새로울 게 없는 내용들이었다. 많은 지점장들이 과거의 방식에 얽매어서 한 발짝도 벗어나지 못하고 있었던 것이다. 더구나 그들은 약속이나 한 듯이, "우리 은행의 강점은 바로 직원들입니다"라는 말을 빼놓지 않았다. 그들은, 경쟁 은행에도 유능하고 친절한 직원들이 있다는 생각을 못하는 듯했다. 그래서 나머지 시간은 다른 은행과 차별화된 직원을 양성하는 방법에 대해 집중적으로 설명했다. 특히 '우리 직원들이 더 유능하니까 우리가 더 낫다' 라고 자신 있게 내세울 수 있으려면 남다른 장점이 있어야 한다는 점을 강조했다.

경쟁사는 모르는 자신만의 정보가 있는가? 경쟁사에 없는 기술을 보유하고 있는가? 경쟁사보다 고객을 잘 알고, 고객의 요구가 무엇인지 확실히 파악하고 있는가? 어느 기업의 직원들이 정말로 남다른지 여부는 그들의 태도를 보면 알 수 있다.

슈퍼스타 혼자서 승리할 수 없다

예전에 사무실을 옮기면서 전화를 새로 신청한 적이 있었다. 전화회사의 가설담당 직원은 월요일 오전 8시에 방문할 예정이었다. 그런데 약속한 시간이 한참 지났는데도 아무 소식이 없었다.

나는 더 이상 기다릴 수가 없어 오전 9시쯤에 휴대폰으로 전화를 걸었다. 하지만 전화회사에서는 전화가 잘 연결되었는지, 가설담당 직원이 왜 고객을 방문하지 않았는지에 대해서는 전혀 아는 바가 없었다. 10시쯤에 다시 전화를 걸었지만 담당 부서로 연결이 되지 않았다. 11시쯤에 세 번째로 전화를 걸었을 땐 가설 부서에 직접 전화해보라는 말만 겨우 들었을 뿐이었다. 너무 기가 막혔다.

이번이 마지막이다, 생각하며 대표 번호로 전화를 걸어 교환원에게 가설 부서를 연결해달라고 했다. 수화기를 들고 잠시 기다리자 젊은 남자 직원의 활기찬 목소리가 들려왔다. "경리과입니다. 무엇을 도와드릴까요?" 나는 숨을 깊이 들이쉬고 최대한 냉정을 유지하려고 애쓰며, 제발 가설 부서를 연결해달라고 했다. 수화기 저편의 남자는 상황을 재빨리 알아채고 무슨 일인지 말해보라고 했다. 나는 요점만 말한 다음 당신 부서의 업무가 아니니까 가설부서로 연결만 해달라고 재차 말했다. 그러자 그 직원이 이렇게 대답했다. "제가 고객님의 전화를 받았으니, 이제 제 고객이십니다. 제 이름과 직통 전화번호를 알려드리겠습니다. 30분 내로 가설담당 직원이 방문하지 않으면 제게 전화를 주세요. 책임지고 처리해드리겠습니다."

'우리 직원은 남다르다' 는 말은 것은 바로 이런 경우를 두고 하는 말이다. 물론 문제가 모두 해결된 것은 아니었다. 그날 오전에 무려 대여섯 차례나 전화를 했는데도 책임지고 도와주겠다고 나선 직원은 단 한 명뿐이었으니 말이다. 이 전화회사는 '우리 직원 한 명은 남다릅니다' 라고 선전해야 할 것이다. 하지만 그것으로는 충분하지 않다.

기업들은 종종 자신들이 한두 명의 슈퍼스타를 두고 있다는 데 대해 굉장한 자부심을 갖고 있다. 하지만 그들은 슈퍼스타 한 사람만으로는 경기에서 이길 수 없다는 단순한 진실을 쉽게 망각한다. 경기를 승리로 이끄는 것은 팀이다. 마이클 조던은 분명 농구계의 슈퍼스타임에 틀림없지만, 다른 멤버들이 없었다면 시카고 불스의 우승은 불가능했을 것이다.

사람이 진정한 차이를 만든다

뛰어난 직원들을 두고 있는 회사는 강점을 갖고 있다고 할 수 있다. 문제는 그와 같은 강점을 창출하고, 유지하는 일이다. 인재의 강점은 평범함을 초월하고 비교를 거부하는독보적 기업이 되기 위해 반드시 필요로 하는 것이다. 하지만 그것을 성취하기는 결코 쉽지 않다.

기업은 결국 사람에 의해 움직인다. 그런데 그곳에서 일하는 직원들은 재능이나 태도, 목표, 꿈, 열망 등 모든 면에서 가지각색이다. 따라서 업무 수행과 마음가짐에서 일관성을 갖도록 하는 것이 무엇보다 중요하다. 고객의 눈은 매우 예리하기 때문에 그런 행동들이 위선적인지 혹은 강요된 것인지를 정확히 간파할 수 있다.

나는 강연 도중에 청중들을 향해 이따금 이런 질문을 던져본다. 마음을 온전히 빼앗겨 단골이 된 기업이 있느냐고. 시장에서 승리하고 고객을 끌어들이는 비결을 아는 데 그 질문보다 더 유용한 방법도 없다. 놀라운 사실은, 어떤 업종이든 고객을 사로잡는 독보적 기업들은 공통점이 있다는 것이다. 자신의 기업을 한 단계 도약시키기 위해서는 그런 독보적 기업들이 취하는 행동을 자신도 똑같이 할 수 있는지 자문해보아야 한다. 그리고 그런 기업들과 어떤 점이 다른지 점검해보라. 업종이 다르다고 해서 그냥 흘려버리지 말고, 자신에게 맞도록 창조적으로 변형해서 활용할 수 있는 방안을 찾아야 한다.

뛰어난 직원들 덕분에 평범함을 뛰어넘어 평생 고객을 만들어내는 데 탁월한 능력을 지닌 기업이 있다. 미 북서부 지역에서 일하는 동안, 나는 많은 사람들이 레스 슈왑 타이어(Les Schwab Tire)라는 기업에 대해 말하는 것을 들었다. 레스 슈왑 타이어가 특별히 나의 관심을 끈 부분은 인상적인 고객 서비스를 일관되게 수행해 온 점이다.

고객을 향해 뛰어오는 사람들

기업인들을 대상으로 한 강연에서 나는 다음과 같은 주제를 중요하게 다룬다. '기업이 직원들의 창의적이고 일관된 업무 수행을 통해 자신을 차별화함으로써 진정한 '온리원(Only One)'이 될 수 있는 방법은 무엇인가?'

강연 참석자들이 전국 각지에서 모였을 경우, 나는 북서부 지역에서 온 사람이 있으면 손을 들어보라고 한다. 그런 다음 직원들의 행동 덕분에 특별해진 기업이 바로 그 지역에 있다고 말한다. 그 말만 듣고도 내가 언급하려는 곳이 어떤 기업인지 알아채는 이들이 있다. 대답이 없으면, "타이어를 판매하는 곳입니다"라는 힌트를 덧붙인다. 그러면 내 말이 끝나기가 무섭게 북서부 지역에서 온 사람들은 한 목소리로 대답한다. "레스 슈왑!"

나는 대답을 듣고 나서 전체 청중들을 향해, 방금의 상황에 대해 생각해보라고 말한다. 나는 단지 타이어를 판매하는 독보적 기업이 미국 어느 지역에 있다고만 말했을 뿐인데, 모두들 한 기업의 이름을 댔다. 이것이 바로 진정한 '온리원(Only One)'이다. 타이어를 판매하는 회사는 전국적인 체인망을 갖춘 곳에서 영세한 곳까지 모두 합쳐서 수백 곳이 넘는다. 그런데도 사람들은 하나같이 레스 슈왑을 떠올린다. 그 이유가 뭘까?

레스 슈왑은 미국에서 가장 규모가 큰 타이어 소매상 중 하나이다. 고객 대부분은 레스 슈왑이 사업을 잘 하고 있다는 데 동의한다. 가격에 비해 품질이 뛰어난 각종 타이어를 판매하고, 품질 보증이 확실하며, 고객 서비스도 훌륭하다. 하지만 레스 슈왑의 진정한 차이점은 가격이나 품질, 서비스 그 이상의 것이다.

나는 북서부 지역에서 온 사람들 중에서 레스 슈왑 타이어 고객이 몇이나 되는지 알아본다. 늘 그렇듯이 꽤 많은 사람들이 레스 슈왑의 단골이다. 그러면 다시 이들에게 레스 슈왑의 주차장에 차를 댔을 때 무슨 일이 벌어지는지 큰소리로 이야기해보라고 한다. 이번에도 사람들은 한 목소리로 이렇게 말한다. "레스 슈왑 직원들은 차를 향해 뛰어와요!"

그렇다. 그들은 고객의 차를 향해 뛰어온다. 당신은 차를 향해 뛰어오는 직원들의 행동이 우연이 아니라는 사실을 알아챘을 것이다. 직원들의 그 같은 행동은 '신속 서비스'라고 불린다.

고객의 차를 향해 뛰어오는 행동이 뭐 그리 대단한 일이냐고 반문할 수도 있다. 중요한 것은 바로 이 점이다. 차를 향해 뛰어오는 직원들의 행동을 통해서 레스 슈왑은 고객에게 강력한 메시지를 전달한다. '저희는 손님을 환영합니다. 정성을 다해 모시겠습니다'라고 말이다. 그 메시지에는 레스 슈왑의 마음가짐이 고스란히 담겨 있다. 그리고 타이어를 판매하는 독보적 기업으로 레스 슈왑을 제일 먼저 떠올리는 이유가 바로 그것이다.

2001년 펜실베이니아 주 필라델피아에서 열린 농산물유통협회의 연례모임 강연에서 레스 슈왑의 사례를 언급한 적이 있었다. 그곳에 모인 사람들 중에는 레스 슈왑을 이용하는 고객이 많았고, 이들은 모두 '고객의 차를 향해 뛰어오는' 행동이 무척 인상적이었다고 입을 모았다. 강연이 끝난 뒤 캘리포니아 주 프레스노(Fresno)에서 왔다는 한 남자가 레스 슈왑에 관한 자신의 체험담을 들려주었다.

그는 오레곤 주 벤드(Bend)로 휴가여행을 갔는데, 갑자기 자동차 타이어가 심하게 닳아 있는 것을 뒤늦게 발견했다. 때마침 가까운 거리에서 레스 슈왑 타이어 가게가 눈에 띄었다. 그는 타이어를 갈아 끼우려고 차를 주차시켰다. 그 즉시 직원 한 명이 뛰어와 반갑게 맞아 주었다. 타이어의 가격과 품질, 서비스도 매우 만족스러웠다. 그런데 정말로 감동적인 일은 그가 집으로 돌아온 후에 일어났다.

휴가여행에서 돌아온 지 2주쯤 지났을 때, 타이어 한 개가 펑크가 났다. 그는 품질 보증서를 찾아 벤드에 있는 레스 슈왑 타이어 가게에 전화를 걸었다. 직원은 컴퓨터 거래 기록을 확인한 다음, 즉시 새 타이어를 보내겠다고 했다. 타이어는 물론 무료였다. 그리고 가까운 정비소에서 타이어를 교체한 다음 명세서를 보내주면 자신들이 비용을 모두 지불하겠다고 했다.

어떻게 하면 평범함을 뛰어넘을 수 있을까? 그것은 대부분의 기업들이 말만 앞세우고 실천하지 않는 일들을 기꺼이 실행하면 된다. '고객의 기대를 뛰어넘겠다'고 결정했다면, 엄청난 노력이나 비용이 들더라도 그것을 실행하는 것이다. "우리 직원은 남다르다"고 말했다면, 고객의 입에서 "우와, 이런 회사는 처음이야!" 하는 탄성이 저절로 터져 나오게 만드는 직원들이 탁월한 행동이 있어야 한다. 고객의 마음속에 남아 있는 특별한 존재가 되고 싶은가? 그러기 위해서는 제품의 가격, 품질, 서비스의 차원을 넘어서야 한다. 다시 말해 당신의 기업은 '온리원(Only One)'이 되어야 한다.

꽃을 보내는 치과의사

이제 선택은 당신 자신에게 달려 있다. 비록 업종은 달라도 '고객의 차를 향해 뛰어가는' 레스 슈왑의 직원들과 같은 행동을 어떻게 자신의 사업에 맞게 적용할 수 있을까?

기업 컨설턴트이자 강사로 활동하는 나의 경우는, 고객이 자신의 회사와 업계 동향을 파악해달라고 요청해 올 때 내가 보여주는 사전 행동이 '고객의 차를 향해 뛰어가는' 나만의 방식이다. 즉 나는 그 회사를 방문해서 하루 정도 시간을 보내겠다는 제안을 한다. 물론 별도의 비용 없이 말이다. 고객이 어떤 회사이고, 그들이 성취하고자 하는 목표가 무엇인지를 파악하기 위한 사전 작업이기 때문이다. 실무진들과 구체적인 전망에 관해 이야기를 나누면서, 나는 이미 그 회사의 성격과 사업의 상당 부분을 이해하게 되는 것이다.

몇 년 전 아내가 치열교정을 받았던 적이 있었다. 그때 내 주치의는 치열교정 의사로 이름난 조엘 글룩(Joel Gluck) 박사를 소개해주었다. 글룩 박사의 병원은 전반적으로 매우 훌륭했다. 진료 수준도 뛰어났고, 병원비도 적절했으며, 직원들은 모두 친절하고 사려깊게 환자를 대했다. 그런데 유능한 치열교정 의사라는 점만으로는 스스로를 차별화하는 데 한계가 있었다. 그래서 글룩 박사는 자신의 병원에서 치료받은 환자들에게 꽃을 보내주었다. 치료가 끝난 후에는 집으로 전화해서 치열 교정기에 이상이 없는지, 다른 도움이 필요하진 않은지를 세심하게 살폈다. 이 같은 행동 역시 그 병원 나름의 방식으로 '고객의 차를 향해 뛰어가는' 행위였다.

당신의 기업은 어떻게 행동하고 있는가? 고객에게 꽃을 보낸 적이 있는가? 고객에게 별다른 문제가 없는지 확인 전화를 해본 적이 있는가? 당신의 업종에서는 아무도 그와 같은 행동을 하지 않는다구? 물론 치과의사들 대부분은 자신이 진료한 환자에게 꽃을 보내거나 전화를 걸어 안부를 묻지 않는다. 그렇지만 글룩 박사와 그 병원의 직원들은 그렇게 하고 있다.

사람들은 자신을 차별화하려면 무엇을 어떻게 해야 하는지 알고 싶어한다. 하지만 막상 방법을 제시하면 "이 업계에서 그런 식으로 하는 회사는 없어요"라며 무시해버리기 일쑤다. 하지만 당신이 몸담고 있는 업계의 누구도 고객에게 꽃을 보내지 않는다고 스스로를 합리화하는 동안, 당신의 경쟁자 중 누군가는 꽃을 보낼 수도 있다는 점을 기억하라. 당신이 변명만 늘어놓을 때, 당신이 생각지 못한 창의적인 아이디어로 고객의 마음을 사로잡으려는 시도하는 곳이 분명히 있다.

관심을 가져줘요!

어느 여성지에 실린 「파티에서 남자의 시선을 끄는 비결」이라는 제목의 기사를 읽은 적이 있다. 기사 내용은 호감이 가는 남성을 만났을 때, 그 사람의 주의를 끄는 10가지 방법에 관한 것이었다. 한 여성이 남편에게 그 기사에 대해 말하자, 남편은 지금까지 들어본 것 중 가장 어리석은 이야기라고 대꾸하며 이렇게 말했다.

"남자의 주의를 끌고 싶으면 2초 동안 바라보기만 하면 돼. 그럼 남자도 여자를 알아볼 테니까. 아주 쉽지?"

고객들은 커피 한잔을 주문하거나 비행기 좌석을 예매할 때도 "나에게 관심을 가져주세요"라고 말한다. 강연을 하면서 '가장 좋아하는 기업과 그 기업을 좋아하는 이유'를 물어보면 반복적으로 나오는 대답도 이것이다. 고객에게 관심을 보여라. 그들의 마음을 사로잡고, 그들을 계속 고객으로 붙잡아둘 수 있을 것이다.

이는 평범함의 함정을 피해 가기 위한 모든 기업들의 고객 대응 방식이다. 리츠칼튼 호텔을 이용하는 고객들은 웅장하게 꾸며진 로비나 객실의 고급 가구, 질 좋은 음식이나 서비스에 감동했다고 말하지 않는다. 대신에 그들은 호텔 내부를 무심히 거닐고 있는데, 직원들이 반갑게 인사를 건네는 행동에 의외로 큰 감동을 느낀다. 직원들은 그저 가벼운 인사를 보내거나 유쾌하고 친근감 있는 대화를 건네면서 고객이 정말 편안한지를 확인했을 뿐인데도 말이다.

디즈니월드가 고객의 마음을 사로잡을 수 있는 것은 순전히 직원들이 보여주는 사소한 행동들 때문이다. 디즈니의 내부 순환 열차를 타고 가다보면 나무를 다듬던 직원이 일손을 멈추고 손을 흔들어주는데, 바로 이것이 '고객의 차를 향해 뛰어가는' 디즈니만의 방식이다.

한번은 크리스 로저스(Chris Rogers)라는 내 친구가 스페이스 마운틴(Space Mountain)을 타다 선글라스를 잃어버린 적이 있었다. 분실물 센터를 찾아갔더니, 그곳 직원이 선글라스를 손에 들고 그를 기다리고 있었다. 이 같은 사례 역시 디즈니가 어떤 식으로 '고객의 차를 향해 뛰어가는'지를 보여주는 행동이다.

이 같은 행동들은 결코 어려운 일이 아니다. 기본적인 사항을 제대로 수행하면서 고객들에게 세심한 관심을 보여주는 것만으로도 그들의 마음을 사로잡는 독보적 기업이 될 수 있다.

05
브랜드는 모든 것이다

브랜드는 고객의 마음속에 있다

브랜드는 광고가 아니다. 브랜드는 상표를 의미하지 않는다. 브랜드는 기업의 이름이 아니며 제품도 아니다. 브랜드는 아마도 당신이 생각하거나 의도하는 그런 것이 아닐 수 있다. 브랜드는 기업이 소유할 수 있는 것도 아니다.

브랜드를 소유하는 것은 고객이며, 당신의 기업에 대한 인상을 갖고 있는 모든 사람의 것이다. 브랜드는 고객의 마음속에 있는 것이지, 광고 속에 있는 것이 아니다. 기업이 어떤 곳이고, 무엇을 약속하고 있고, 그리고 그 약속을 지킬 것인지에 관한 고객의 생각이 곧 브랜드이다.

브랜드만큼 중요한 것은 없다. 왜냐하면 브랜드는 시장에서 기업을 정의하는 것이기 때문이다. 사장에서부터 안내 직원에 이르기까지 기업의 모든 구성원은 브랜드를 구축하고 보호하는 데 최우선 순위를 두어야 한다. 그 기업이 어떤 곳이고 고객에게 무엇을 약속하고 있고 그 약속을 지킬 것인지에 대한 기업과 고객의 생각이 일치한다면, 그 기업은 강력한 브랜드를 갖고 있는 것이다. 강력한 브랜드는 기업이 '온리원(Only One)'의 자리에 오를 수 있게 한다. 브랜드는 기업의 모든 것이다.

브랜드 선호도

기업의 브랜드가 실제로 무엇인지를 결정하는 것은 고객이라는 사실을 잊지 말라. 기업이 생각하는 브랜드와 고객이 생각하는 브랜드가 다를 경우, 중요한 것은 고객의 생각이다. 결국 최종적인 판단은 기업이 아니라 고객의 몫인 것이다. 아무리 자신이 뛰어나다고 생각해도 고객이 인정해주지 않으면 모두 허사다. 매일 광고를 하고 기업의 우수성을 홍보한다고 해도 고객이 공감하지 않고 믿지 못한다면 뜬구름 잡는 이야기에 불과하다.

기업의 브랜드에 대한 선호도와 인지도를 혼동해서는 안 된다. 엑슨(Exxon)은 발데즈 항(Valdez)에서의 기름 유출 사건으로 상당한 오명을 얻었다. 2002년 엔론(Enron) 역시 더 큰 인지도를 얻었지만 그것은 스캔들에 의한 치욕스러운 오명이었다. 사람들은 오히려 그러한

130

브랜드 때문에 제품 구매를 꺼릴 것이다. 중요한 것은 브랜드 인지도가 아니라 브랜드의 선호도를 높이는 것이다.

기업은 고객에게 사랑을 받고 싶어하지, 그냥 이름만 알리고 싶어하지는 않는다. 기업은 말 그대로 고객과 그 기업에 대한 인상을 갖고 있는 사람들 수만큼 브랜드를 갖게 된다. 만일 브랜드의 이미지가 나쁘다면 브랜드는 그만큼 취약한 것이다. 다음은 기업 스스로 브랜드를 약화시키는 행동들이다.

- 고객을 네 번씩이나 다른 부서에 떠넘기지만, 정작 고객은 문제를 해결하지 못한다.
- 제품 가격에 포함되었을 추가 비용을 고객에게 요구한다.
- 결함이 있는 제품을 교환해주면서 고객이 겪었을 불편에 대해 사과하는 사람이 아무도 없다.
- 전화를 건 고객을 1분 이상 기다리게 한다.
- 웹사이트가 복잡해서 원하는 정보를 찾기가 어렵다.
- 수년 간 점포를 이용해 온 고객의 이름을 기억하는 직원이 없다.

브랜드에 대한 인식은 대부분 다른 기업과의 비교에 기초한다. 당신은 경쟁자가 동일 업종의 다른 기업들이라고 생각할지 모른다. 하지만 고객이 비교하는 대상은 동일 업종에 국한되지 않는다. 고객은 완전히 다른 업종에 속한 기업들의 훌륭한 행동을 보고서 당신의 기업은 그렇게 행동할 의사가 없다고 판단한다. 당신은 공정한 비교가 아니라고 말하겠지만 중요한 것은 고객의 생각이다. 다른 기업이 고객에게 보여주는 행동 하나하나가 당신의 브랜드를 평가하는 잣대에 영향을 미친다.

- 다른 회사에 전화하면 두 시간 만에 처리되는 일이 당신의 회사는 꼬박 하루가 걸린다.
- 내가 이용하는 단골 세탁소 직원들은 모두 내 이름을 알고 있다. 나는 당신의 회사에 매년 수만 달러를 쓰지만 당신의 직원들은 내가 누구인지 모르는 것 같다.
- 나와 거래하는 증권 중개인은 가끔씩 전화를 걸어 안부를 묻거나 주식 운용에 대한 궁금증을 해결해준다. 그런데 당신은 꼭 무언가를 팔아야 할 때만 전화를 한다.
- 얼마 전 자동차에 기름을 넣으려고 들렀던 주유소의 사장은 나에게 와서 찾아줘서 고맙다고 말했다. 당신 기업의 누구도 나에게 그와 같은 감사의 표현을 한 적이 없다.

이러한 일상적인 접촉들은 기업 이미지에 영향을 미치고, 기업의 브랜드를 형성한다. 결국 시장이 주는 교훈은 고객과의 사소한 접촉 하나하나가 궁극적으로 브랜드를 형성한다는 사실이다.

평판과 경험

예전에 내가 거래하던 건강보험 회사는 상당히 불만족스러웠다. 끊임없이 서비스에 문제가 발생하고 성가신 일들이 많았기 때문이다. 그들과는 거래를 계속 유지하기가 어려웠다. 결국 나는 거래를 중단하고 브랜드의 평판이 좋은 건강보험 회사를 선택해야겠다고 마음먹었다.

내가 주저하지 않고 전화한 곳은 블루 크로스-블루 쉴드(Blue Cross And Blue Shield) 건강보험 회사였다. 개인적으로 그 회사를 접해본 적도 없었고 그곳을 추천해준 사람도 없었다. 나는 다만 브랜드의 평판을 판단의 잣대로 삼았고, 그 브랜드가 좋은 평판을 얻고 있다고 생각했다. 결국 블루 크로스-블루 쉴드 건강보험 회사는 나를 고객으로 유치했고, 기존 고객 관계에서 얻은 평판의 이점을 누리고 있다.

하지만 내가 그 건강보험 회사와 관계를 맺고 고객이 되는 순간부터 그들의 브랜드는 무에서 새롭게 시작한다. 나는 이름이나 평판 따위에 별로 관심이 없고 영향을 받는 편도 아니다. 그들이 어떤 식으로 회사를 홍보하든 나는 관심도 없다. 내가 블루 크로스-블루 쉴드의 고객이 된 이상 그들의 브랜드는 나와 그 회사가 주고받는 사소한 경험들이 쌓이면서 형성되는 것이다. 예를 들어 보험 상품은 알기 쉽고 저렴한지, 청구서에 기재된 사항들은 정확한지, 전화를 받는 직원들은 친절한지 여부가 그 회사의 브랜드를 결정하는 요소들인 것이다.

보험 상품에 의문이 생겨 전화를 걸었을 때 담당 직원이 알기 쉽게 설명해주는가? 친절하고 전문가다운가? 내가 이용하는 병원에서 이 건강보험 회사에 대한 인식은 어떤가? 병원에서 블루 크로스-블루 쉴드 카드를 내놓았을 때 병원 직원이 반기는가, 아니면 골치아픈 회사라고 생각하는가?

나의 경험은 모두 긍정적이었다. 즉 블루 크로스-블루 쉴드 건강보험 회사의 브랜드는 기업의 평판이 아니라 고객으로서 내가 겪은 경험 때문에 더욱 강력한 것이 되었다.

고객의 선택

블루 크로스-블루 쉴드가 갖고 있는 브랜드의 힘은 분명하다. 이 건강보험 회사는 까다로운 나의 선택을 받았다. 이것이 바로 브랜드의 효과이다. 즉 고객이 다른 경쟁사를 지나치게 하고 유독 당신의 점포, 웹사이트, 상품만을 찾도록 만드는 것이다.

최근에 나는 신시내티 공항에서 택시를 타기 위해 메인 터미널 쪽으로 걸어가고 있었다. 그런데 택시를 타기 전에 사고 싶은 게 생각났다. 공항을 가로질러 메인 터미널을 향해 가면서, 나는 그와 유사한 상품을 파는 가게들을 여럿 지나쳤다. 그 가게들은 75센트에서 1.5달러의 가격을 제시하고 있었다. 기다리는 사람도 없었기 때문에 나는 쉽게 아무 곳에나 들러 사고 싶은 것을 살 수 있었다. 그렇지만 나는 그 가게들을 모두 지나쳤다.

터미널 중간쯤에 이르러 내가 나가려던 출구가 바로 앞에 있는데도 나는 내가 원하는 것을 파는 장소로 계속 걸어갔다. 그곳에 도착하니 예닐곱 사람이 줄을 서서 기다리고 있었다. 나도 기다렸다. 몇 분이 지나 내 차례가 돌아왔을 때 나는 주문을 했고, 다른 가게에서 제시한 가격보다 두세 배나 높은 값을 흔쾌히 주고 그것을 사 가지고 나왔다.

내가 무엇을 샀을까?

바로 커피다. 스타벅스 커피. 이것이 브랜드의 힘이다. 나는 더 싼 가격에 구입할 수 있는 평범한 경쟁 상품들을 그냥 지나쳤다. 왜냐하면 내가 잘 알고 있고, 신뢰하고, 좋아하는 브랜드를 사고 싶었기 때문이다. 당신도 자신의 사업이나 업종에서 스타벅스와 같은 브랜드를 만들고 싶지 않은가?

할리데이비슨과 로라 애슐리

브랜드의 힘에 관해서 언급할 때 할리 데이비슨(Harley Davidson)의 이야기를 빼놓을 수 없다. 물론 자신의 업종이 오토바이 제조업과는 아무 상관이 없기 때문에 배울 점이 없다고 생각하는 사람도 있을 것이다. 다시 한번 생각해보기 바란다. 업종에 관계없이 모든 훌륭한 브랜드에는 반드시 배울 점이 있다.

나는 한때 조지아 주 애틀랜타에 있는 마룻바닥 제조업체인 위텍스(Witex)와 함께 일한 적이 있다. 이 회사는 신제품인 로라 애슐리 바닥재(Laura Ashley Flooring)의 출시에 맞추어 전국적으로 대규모의 행사를 벌였다. 이 행사의 목적은 제품의 공급업자와 판매상을 초대하여 로라 애슐리 바닥재에 대해 알릴 뿐만 아니라 강력한 브랜드의 힘이 어떻게 사업의 성공을 돕는지 깨우쳐주려는 데 있었다.

행사 참석자들 대부분이 남성들이었고, 이들은 로라 애슐리 브랜드를 낯설게 느끼고 있었다. 반면 할리 데이비슨이라는 브랜드에 대해서는 그들 모두가 아주 잘 알고 있었다. 브랜드의 힘에 대한 이해를 돕기 위해, 나는 할리 데이비슨과 로라 애슐리를 비교했다.

할리 데이비슨과 로라 애슐리 브랜드는 제각기 명확하게 정의된 시장을 갖고 있다. 행사에 참석한 공급업자나 판매상들이 갖고 있는 의문점은, 로라 애슐리 브랜드의 타깃 시장이 그들의 타깃 시장과 일치하는가 하는 문제였다. 그런데 25세에서 55세에 이르는 여성들이 실내 가구의 구매 결정권자로 떠오르는 추세였기 때문에 그 점에는 아무런 문제가 없었다.

할리 데이비슨과 로라 애슐리는 모두 제품의 품질이 우수한 것으로 정평이 나 있다. 할리 데이비슨은 한때 품질 문제로 곤란을 겪은 적도 있지만, 그 이후로는 최고 품질의 제품을 생산해내고 있다. 또한 로라 애슐리는 50년이 넘게 고급 제품 브랜드로서의 명성을 굳건히 유지해오고 있다.

할리 데이비슨과 로라 애슐리는 소비자들 사이에서 아주 특별한 브랜드로 통한다. 할리 데이비슨과 똑같은 엔진 소리를 내는 오토바이는 어디에도 없다. 로라 애슐리와 똑같은 스타일의 제품 역시 찾아보기 어렵다.

두 브랜드 모두 핵심 제품의 인기를 바탕으로 다른 제품의 판매까지 덩달아 증가하고 있다. 할리라는 상표는 열쇠고리, 벨트, 재킷, 포스터, 라디오, 그밖에 다른 여러 제품들에서 찾아볼 수 있다. 로라 애슐리는 처음에 여성 의류에서 출발했지만 차츰 제품의 범위를 확장시켰고, 그런 가운데서도 결코 브랜드에 대한 신뢰를 잃지 않았다.

할리 데이비슨과 로라 애슐리 모두 소비자의 감성에 호소한다. 그리고 감성은 마술과 같은 힘을 갖고 있다. 왜냐하면 브랜드가 소비자와 감성적으로 연결됨으로써 브랜드의 힘도 커지기 때문이다.

휘티스(Hheaties), 디즈니 월드, 랜즈 엔드(Land's End), 애플 컴퓨터 등 자신이 가장 좋아하는 브랜드를 떠올려보라. 아마도 당신은 그 브랜드와 감성적으로 연결되어 있다는 것을 깨닫게 될 것이다. 브랜드는 제품 그 이상이다. 브랜드는 사람에 관한 것이다.

광고 VS 브랜드 경험

브랜드를 창출하는 것은 전적으로 마케팅 부서나 광고부, 홍보부만의 일이 아니다. 그들은 물론 브랜드와 관련된 일을 하고 있지만, 다른 부서의 직원들도 마찬가지다. 다만 그들은 브랜드에 관한 이야기를 들려주는 역할을 맡았을 뿐이다. 브랜드를 창출하는 것은 기업 구성원 모두의 임무이며, 그들이 매일매일 수행하는 업무의 질적 수준에 따라 브랜드가 만들어진다. 사람들은 오랫동안 브랜딩을 대중에게 긍정적인 이미지를 전달하는 광고 캠페인이나 마케팅 프로그램을 운영하는 것으로 여겨왔다. 일리 있는 생각이다. 그리고 그 같은 노력이 브랜드를 형성하는 데 도움이 되는 것도 사실이다. 하지만 이는 소비자의 실제적인 브랜드 경험에 비할 바가 못 된다. 브랜드를 창출하는 것은 바로 고객의 경험에서 비롯되기 때문이다.

광고가 실제 상황과 다를 경우에는 문제가 발생한다. 몇 년 전 어느 항공사는 이상적인 항공여행의 세계를 보여주는 텔레비전 광고를 전국에 내보낸 적이 있다. 광고의 내용은 승객들이 승무원들이 불러주는 노래를 들으며 마실 것과 먹을 것을 끊임없이 대접받는 광고였다.

공항 대합실의 텔레비전에서 이 광고가 비춰지는 동안, 당신은 때마침 비행기의 연착으로 몹시 지쳐 있는 승객의 모습을 발견했다고 가정해보자. 이는 비행기를 자주 이용하는 사람이라면 누구나 경험해본 적이 있는 우울한 광경이다. 그때 텔레비전에서 "항공여행이 이와 같다면 얼마나 좋을까요?"라는 멘트가 흘러나온다. 대단히 기발하고 독창적인 광고임에 틀림없지만, 문제는 광고 속의 근사한 모습과 승객이 느끼는 현실은 확연히 다르다는 점이다. 소비자는 광고의 눈속임에 쉽게 현혹되지 않는다는 사실을 명심하라.

브랜드를 만드는 것은 광고가 아니다. 브랜드는 매표 직원, 승무원, 조종사, 수화물 운반원, 안내 직원들에 의해 만들어진다. 그리고 기업의 모든 구성원과 고객들의 접촉 과정에서 형성된다. 다시 말하지만, 브랜드는 결코 광고의 결과가 아니다.

브랜드의 적

"운이 좋은 편이라구요? 그렇다면 당신을 환영합니다!" 이런 광고 문구를 내건 회사와 거래해본 적이 있는가? 그런 회사에서는 최고의 서비스와 평범한 서비스, 또는 아주 형편없는 서비스를 들쭉날쭉 제공한다. 이런 회사는 직원에 따라 서비스가 천차만별이다. 따라서 당신은 좋은 직원을 만나기만 바라는 수밖에 없다. 좋은 직원을 만나면 다행이지만, 불성실한 직원을 만나면 기분 나쁜 경험을 할 수도 있다.

한 회사에서 똑같은 유니폼을 입고 똑같은 일을 하는데도 어떤 직원은 긍정적인 브랜드를 만들고, 또 어떤 직원은 애써 쌓아올린 브랜드 이미지를 허물어뜨리는 경우가 종종 있다.

한번은 오하이오 주 데이톤(Dayton)에서 비행기를 타기 위해 서둘러 공항으로 간 적이 있었다. 그날 저녁에 예정된 고객과의 약속 시간에 맞추려면 이번 비행기를 놓쳐서는 안 되는 상황이었다.

비행기가 이륙하는 시간은 오후 5시 17분인데, 내가 택시에서 내렸을 때 시계는 이미 5시 12분을 가리키고 있었다. 한시가 급했다. 비행기를 놓칠 수도 있었지만, 끝까지 온 힘을 다해 뛰어갔다. 티켓 창구에는 두 명의 직원이 있었는데, 그 중 한 명만 손님을 상대하고 있었다. 나는 손님이 없는 쪽 직원에게 다가가, 시카고로 가는 5시 17분 발 비행기를 타야 하니 빨리 탑승권을 끊어달라고 했다.

그 직원은 시계를 흘깃 쳐다보고 나서 비행기 시간표를 확인했다. 그리고는 "손님, 이미 늦으셨습니다"라고 말했다.

"늦은 건 나도 알고 있소. 그러니 어서 탑승권을 주시오." 그녀는 안타깝다는 표정으로 다시 말했다. "손님, 탑승 수속이 이미 끝나서 곤란합니다. 시카고 행 비행기는 1시간 30분 뒤에 있습니다."

그때 옆에 있던 직원이 내 사정 이야기를 듣고는 자기 손님에게 양해를 구했다. 그는 한 시간 정도 여유가 있는 사람이었다. 그가 흔쾌히 양해를 해주자, 그 직원이 내 쪽을 바라보며 말했다. "손님, 티켓을 주세요!" 그녀는 즉석에서 탑승권을 출력해 나에게 건네며 다급한 목소리로 말했다. "탑승구는 저쪽 끝입니다. 서두르세요!"

나는 탑승권을 쥐고 힘껏 달렸다. 탑승구 앞에 도착했을 때, 나쁜 일과 좋은 일이 동시에 벌어졌다. 나쁜 일은 승객들이 모두 탑승을 마쳤는지 남아 있는 사람이 아무도 없었다는 것이다. 반면, 좋은 일은 비행기가 아직 이륙하지 않았을 뿐만 아니라 승강용 통로가 비행기에 아직 연결되어 있었다는 것이다.

탑승구 쪽에도 두 명의 직원이 있었는데, 한 명은 서류 정리를 하는 중이었고, 다른 한 명은 내 쪽으로 다가오고 있었다. 나는 그 직원에게 달려가 말했다. "시카고 행 비행기 맞죠? 여기 탑승권이 있소. 아직 이륙하지 않았으니, 저 비행기를 꼭 탈 수 있도록 도와주시오." 담당 직원은 창밖에 있는 비행기를 내다보고 시간을 확인하면서 이렇게 말했다. "손님, 늦었습니다." 하지만 나도 이대로 물러설 수는 없었다. "아직 비행기가 이륙하지 않았잖소? 급한 약속 때문에 그러니 저 비행기를 탈 수 있도록 도와주시오."

담당 직원은 다시 한번 창밖의 비행기를 내다보면서 정말로 안타깝다는 듯이 말했다. "손님께서는 비행기가 아직 이륙하지 않아서 탑승해도 된다고 생각하시겠지만, 그것은 저희 회사의 규정에 어긋납니다. 탑승이 완료되고 문이 닫히면 그 다음에는 누구도 탈 수가 없습니다." 아무리 그래도 나는 포기할 수 있는 상황이 아니었다.

마지막 기회라는 생각에 데스크 쪽에 있는 다른 직원에게 재빨리 다가갔다. 나는 잔뜩 흥분해서 그 직원에게 분통을 터뜨렸다. 그리고 비행기가 아직 움직이지도 않는데 왜 바쁜 승객을 태워주지 않느냐고 몰아부쳤다. 그 직원은 겨우 나를 진정시키고 나서 "손님, 비행기를 타실 수 있게 해드리겠습니다. 저를 따라오세요"라고 말하면서 승강 통로 입구 쪽으로 걸어갔다.

승강 통로를 지나가면서, 다른 비행기의 짐을 옮겨 싣고 있는 중이어서 몇 분간의 여유가 있다는 이야기를 들었다. 그리고 그 직원의 배려 덕분에 천신만고 끝에 비행기를 탈 수 있었다.

나는 자리에 앉아서 방금 전에 벌어졌던 일들을 돌이켜보았다.

탑승 전에 내가 겪었던 일들은 위기에 처한 브랜드의 모습을 단적으로 보여준다. 기업은 하루 종일 광고를 내보내고, 우수한 인재들을 채용할 수 있다. 그러나 직원들이 고객에 대한 약속을 제대로 지키지 않는다면 그 브랜드는 치명적인 약점을 드러내는 것이다.

독보적 기업은 지속적으로 자신의 브랜드를 구축하고, 그것을 유지해 나가는 작업이 얼마나 중요한지 잘 알고 있다.

초점, 초점, 초점

브랜드는 기업 자신이 누구이고 무엇을 약속하였고, 그 약속을 실천할 능력이나 의지가 있는지를 나타내는 것이다. 이러한 브랜드에 대한 진술은 간략할수록 좋다.

퀼의 래리 모스는 자신들의 브랜드의 핵심은 "고객에게 최고의 서비스를 제공하기 위해 최선을 다하는 것"이라고 말한다. 즉 고객이 불만을 느꼈을 때 이유를 불문하고 그 문제를 시정하기 위해 무슨 일이든 한다는 뜻이다. 그리고 이런 말도 덧붙였다. "고객에 대한 최선의 배려가 곧 퀼의 사명입니다. 우리는 46년이 넘게 그 사명을 지켜왔고, 앞으로도 그것을 위해 전 조직이 매진할 겁니다."

이것이 바로 핵심이다. 한 가지 목표를 정한 다음 거기에 전적으로 초점을 맞춰라!

사무기기 공급업체인 R.J. 영 컴퍼니(R. J. Young Company)도 퀼과 비슷한 브랜드 개념을 갖고 있는 기업이다. 이 회사의 고객으로서 나는 그들이 지향하는 브랜드에 대한 신념이 그들이 내보내는 광고와 일치하는 것은 물론이고 브랜드에 대한 고객의 인식과도 일치한다는 것을 증명할 수 있다.

R.J. 영 컴퍼니는 수년 동안 '제대로 만들겠습니다'라는 홍보 문구를 통해 자신들의 브랜드를 알려왔다. 그리고 그 말은 틀림없는 사실이다. 그들은 고객을 행복하게 하려면 자신들이 어떻게 행동해야 하는지를 알고 있다. '제대로 만들겠습니다'라는 말이 R.J. 영 컴퍼니의 진정한 브랜드이다.

CST가 재도약을 준비하면서도 단 한 가지에 초점을 맞추었다. CST는 비록 기술 분야의 기업이지만, 그들의 최대 강점은 긴밀한 고객관계에 있었다. 따라서 CST 브랜드의 핵심은 다음과 같이 정해졌다. '고객이 우리의 사명입니다.'

브랜드 커뮤니케이션

CST의 바비 브래들리는 브랜드 재구축의 핵심으로서 관계의 강점을 강화하는 것은 일회성 행사가 아니라 지속적인 과정이라고 말한다. "우리는 특히 관리자들이 그 과정에 동참하도록 했습니다. 먼저 관리자들과의 면담을 통해서 회사가 무슨 일을 추진하고 있는지 설명하고, 회사가 갖고 있는 강점에 대해 생각해보게 했습니다. 무엇보다도 그들의 참여를 이끌어내는 것이 중요했으니까요. 회사가 그들의 의견을 존중하고 제안을 적극적으로 활용할 것임을 보여주었습니다."

브래들리는 CST의 브랜드 개념이 그들의 기존 강점에 기초해 만들어졌기에 직원들에게 이해시키기가 수월했다고 말한다. "우리가 예전부터 해오던 것이었기 때문에 직원들의 이해시키기가 쉬웠습니다. 모두들 브랜드의 의미를 쉽게 이해했고, 잘 받아들였습니다. 직원들은 이미 그것을 실천에 옮기고 있으며, 우리는 그들을 자랑스럽게 여깁니다."

직원들에게 브랜드의 의미를 알리기 위한 CST의 노력은 여러 형태로 나타났다. 먼저 직원들에게 나눠준 기념 카드(Launch Card)에는 CST 브랜드에 대한 개념과 그것의 중요성을 설명해놓았다. 또한 사보를 통해 브랜드를 집중적으로 다루고, 웹사이트도 새롭게 단장했다. 관리자들도 브랜드 메시지를 알리는 데 앞장섰고, 최고경영자가 직원들을 만나 그 의미를 설명하기도 했다.

브래들리의 말에 따르면, CST는 전 직원들이 브랜드를 가까이에서 느낄 수 있도록 상당한 투자를 하고 있다고 말한다.

"우리는 모든 측면에서 브랜드를 강화하기 위해 노력하고 있습니다. 사내 시상 프로그램도 그 중 하나죠. 분기마다 한 차례씩 주요 직원들이 모여서 토론을 벌이고 교육을 받습니다. 물론 여기에도 비용이 듭니다만, 중요한 일에 예산을 책정하는 건 당연한 일이죠. 우리의 목표는 직원들 각자가 회사에 얼마나 중요한 존재인지를 깨닫게 하는 것이니까요."

고객들 역시 CST 브랜드는 '관계'를 의미한다는 데 전적으로 동의한다.

브래들리는 마지막으로 이렇게 덧붙였다. "'고객이 우리의 사명입니다'라는 CST의 새로운 브랜드에 대해 고객들도 공감하고 있습니다. 우리는 그런 고객의 반응을 직원들에게 전해줍니다. 심지어 어떤 고객은, 우리가 없으면 자기 사업도 존재할 수 없다는 말까지 하더군요."

브랜드의 강점은 브랜드에 대한 기업의 생각과 고객의 인식이 일치할 때 비로소 형성된다.

브랜드는 인간적인 것이다

CST는 정보기술 서비스를 제공하는 업체이다. 이 기업은 네트워크 관리, 소프트웨어 엔지니어링, 데이터 센터 관리에서부터 제품 조달, 시스템 엔지니어링, 물류 서비스까지 제공하고 있다. 하지만 이러한 제품이나 서비스가 곧 그들의 브랜드는 아니다. 그들은 시장에 대한 약속, 즉 자신들의 브랜드가 기술적인 것이 아니라 인간적인 것임을 깨달았다.

CST 관리자의 말을 들어보자. "일을 잘 했다는 것은 단순히 일을

완벽하게 해냈다는 것을 의미하지 않습니다. 그것은 고객, 직원, 협력
업체와 긴밀한 관계를 유지하면서 일을 잘 해냈다는 뜻이죠. 우리가
하는 일의 중심에는 항상 사람이 있습니다."

고객이 우리의 사명이다

고객의 사명이 곧 CST의 사명이다. CST는 고객의 목표를 더 잘 이
해하면 할수록 고객을 더 잘 도울 수 있다고 믿는다. 그들은 고객의
목표와 조직의 기능, 운영 방식을 파악하기 위해 노력하고 있다. 또한
고객이 그 목표를 달성할 수 있도록 경영관리 및 기술적, 행정적 지원
에 초점을 맞춘다.

CST 브랜드의 핵심은 고객들에게 '예스'라고 말하는 것이다. 그들
은 대기업이지만, 소규모 기업의 유연성을 창출하고 유지하기 위해
부단히 노력한다. 그리하여 고객의 특별한 요청을 수용하는 것은 브
랜드 약속의 필수 요소가 되었다.

CST의 브랜드를 인간적으로 만드는 것은 고객이 회사의 누구라도
만날 수 있다는 약속이다. 고객들은 사장인 바비 브래들리를 포함해
CST의 관리자 누구와도 만날 수 있다. 제품이나 서비스를 뛰어넘어,
관계에 기초한 브랜드를 구축할 수 있도록 하는 것은 바로 이러한 약
속이다.

브랜드는 무의식적으로 업무를
수행하는 방식이다

브랜드는 기업이 어떤 곳인지를 말해준다. 또한 브랜드는 직원들이 무의식적으로 업무를 수행하는 방식이기도 하다.

출장 업무가 잦은 나는 여행·숙박업계의 여러 브랜드를 체험해볼 기회가 많은 편이다. 그 중 플로리다 남부와 텍사스 주 로스콜리나스(Los Colinas)에 있는 메리어트(Marriott) 호텔에서 나는 브랜드의 강점이 보여주는 두 가지 의미 있는 경험을 했다.

메리어트 호텔에 묶고 있었을 때, 우편물이 도착했는지 확인하려고 프런트 쪽으로 걸어갔다. 프런트에는 여직원 혼자뿐이었다. 그녀가 내 소포를 확인하기 위해 전화를 거는 동안, 손님 한 명이 프런트 쪽으로 다가왔다.

통화 중이던 그 여직원은 새로 온 손님에게 목례를 하더니 "손님, 잠시만 기다려주세요. 곧 직원이 올 겁니다"라고 말했다. 그런 다음 뒤쪽 벽면의 버튼을 누르자 다른 직원이 나와서 손님을 맞았다.

사소한 행동이긴 하지만, 그날 나는 그 호텔의 브랜드에 깊은 인상을 받았다. 그들에게 그것은 너무도 당연하고 자연스러운 행동이었다. 나는 그 여직원에게 "방금 당신은 어째서 그와 같이 행동했나요?"라고 물었다. 그러자 그녀는 미소를 띠며 이렇게 대답했다. "저희 호텔은 손님이 기다리는 걸 원치 않는답니다." 짧지만 강력한 대답이었다.

진정한 목표를 떠올려라

로스콜리나스에 있는 메리어트 호텔에서는 다른 기업에는 없는 또 다른 브랜드의 강점을 발견할 수 있었다. 나는 호텔 식당에서 훌륭한 서비스를 받으며 식사를 하고 있었는데, 정장 차림의 매니저가 이것저것 살피면서 다니는 모습이 눈에 띄었다. 그는 탁자를 치우고 주문을 받는 직원들의 일을 도와가며 고객들과 담소를 나누고 있었다.

잠시 뒤 그는 내 테이블 쪽으로 다가와서 음식 맛이 어떤지 물었다. 나는 직원들의 서비스가 무척 만족스러웠고, 매니저인 당신이 모든 일에 세심하게 신경을 쓰는 점이 특히 인상적이었다고 대답했다. 그는 관리자들이 사무실에 앉아만 있는 것보다 직원이나 손님들을 직접 만나는 게 훨씬 더 유익하다는 것을 오랜 전에 배웠다고 말했다. 그리고는 이런 말도 덧붙였다. "제 일의 목표는 서류작업이 아닙니다. 손님들을 행복하게 하는 것이 제 목표입니다."

커피 한잔 그 이상의 가치

이 장의 앞부분에서 나는 어떻게 스타벅스가 브랜드의 힘으로 고객인 나를 가게 안으로 끌어들였고, 커피를 사 마시도록 했는지에 대해 말한 바 있다. 과연 스타벅스 브랜드는 무엇인가? 커피일까? 물론 스타벅스 매장을 찾는 사람들 가운데는 남다른 커피 맛을 브랜드로 여기는 이도 있을 것이다. 그러나 스타벅스 매장에는 커피 이상의 그 무엇이 있다. 그들만의 분위기가 그것이다. 스타벅스에 들르는 고객들은 큼직하고 안락한 의자에서 편안하게 쉴 수도 있고, 인터넷도 즐길 수 있다. 또한 음악을 들으면서 책을 읽거나 업무를 처리할 수도 있다. 친구들과 마음껏 수다를 떨어도 되고 모카커피 한 잔을 시켜놓고 혼자서 가만히 창밖을 응시하고 있어도 좋다.

그러나 강력한 브랜드의 힘을 보여주는 핵심 열쇠는 언제나 사람에게 있다. 이는 안락한 의자도, 멋진 인테리어도 없는 드라이브인 매장에서 확인할 수 있다. 나와 함께 일하는 켈리 웨더스(Kelly Weathers)는 스타벅스의 팬이다. 그녀는 드라이브인 매장에서 스타벅스만의 특별한 브랜드의 힘을 체험했다며, 자신의 경험담을 들려주었다.

"오늘 아침 출근길에 스타벅스 매장에 들렀어요. 저는 그곳에는 맛있는 커피만 있는 줄 알았는데 그게 전부가 아니더군요!"

켈리의 이야기는 계속되었다. "차를 몰고 들어가려는데 여직원의 목소리가 들리더군요. '손님, 죄송합니다만 아직 문을 열 시간이 되지 않았습니다. 대신에 잠깐 기다리시면 제가 한잔 끓여드리겠습니다.' 전 놀라면서 괜찮다고 말했죠. 그러자 그녀가 이렇게 말했어요. '사양하지 마세요.' 창 쪽으로 다가가 안을 들여다보니 스물두셋쯤 되어 보이는 아가씨였어요. 그녀는 나를 보고는 진하게 마실 건지 연하게 마실 건지 묻더군요."

"그 다음이 더 재밌어요." 켈리의 이야기는 계속되었다. "잠시 뒤 그녀가 창가 쪽으로 다가오더니 큼직한 잔에 가득 담은 커피 한잔을 건네지 뭐예요. 그러서면 뭐랬는지 아세요? 글쎄, '손님, 이 커피는 공짜예요' 하잖아요!"

켈리는 잔뜩 흥이 나서 말했다. "가게 문을 열려면 아직 30분이나 남았는데 그녀는 날 위해 직접 커피를 끓여줬고, 게다가 돈도 받지 않았어요. 그래도 전 5달러를 건네면서 잔돈은 필요 없다고 했죠. 그리고 매니저의 이름과 전화번호도 적어 왔어요. 스타벅스 본사에 편지를 보내고 매니저한테 전화도 하려고요."

앞에서 나는 모든 직원이 최선을 다해 브랜드를 창출하고 유지해야 한다는 말을 했다. 스타벅스의 그 여직원은 그러한 교훈을 우리에게 전해주었다. 이것은 손님에게 물건을 거져 주라는 말이 아니다. 하지만 가끔은 이익을 잠시 접어둘 필요도 있다. 그러면 고객 충성도가 배가될 것이다 .

우리 브랜드는 멋지다

BMW는 오랫동안 놀라울 정도로 일관된 브랜드 약속을 해왔다. 그것은 BMW가 스포티하고 역동적인 고급 자동차라는 것이다. 최근 BMW는 자신의 브랜드 메시지를 제품의 차원을 넘어 BMW를 소유하는 경험으로까지 확장하는 작업을 시도하고 있다. 그리고 그 일환으로 다소 위험해 보이는 브랜딩 작업에 착수했다. BMW가 등장하는 다섯 편의 단편영화를 제작하여 인터넷을 통해 다운로드 받을 수 있도록 한 것이다.

BMW는 다른 고급 자동차 회사들과는 달리 25세부터 44세까지의 젊은 고객층을 주 타깃으로 삼고 있다. 이들은 자동차의 품질만이 아니라 '멋(cool)'을 중요하게 여기는 특성이 있다. 문제는 고급 자동차라는 것 이상의 브랜드 메시지를 가지고 어떻게 이들에게 다가갈 것인가였다. 경쟁사들과 비교할 때 BMW의 강점은 자동차 소유주들과 감성적으로 연결되어 있다는 것이었다. BMW는 그러한 감성적 연결을 젊은 고객층으로 확대하고자 했다.

BMW는 이들 젊은층에게 보다 가까이 다가가기 위한 방안으로서 인터넷 영화를 만들었다. 하지만, 그러한 시도는 단순히 제품 홍보를 위한 것으로 인식될 위험이 있었다. 그렇게 되면 젊은이들은 BMW 브랜드에 거부감을 가질 테고, BMW의 노력은 물거품이 될 수도 있었다.

하지만 BMW의 새로운 브랜딩 시도는 성공을 거두었다. 특히 「고용인(The Hire)」이라는 제목의 단편영화는 젊은이들로부터 커다란 호응을 불러일으켰다.

매체는 곧 메시지다

BMW의 단편영화들은 내용상으로 대단히 흥미로웠을 뿐만 아니라, 세련되고 멋진 스타일의 고성능 자동차로서 BMW의 이미지를 한껏 돋보이게 해주었다.

사람들에게 영화를 보여주는 방식도 아주 뛰어났다. BMWfilm.com은 마치 DVD 영화를 보는 듯한 느낌을 만들어냈다. BMW가 겨냥한 수백만 명의 젊은이들이 이 사이트에 접속해서 영화를 다운받아 보았다. 영화의 주요 장면이 담긴 동영상을 감상한 사람은 천만 명 정도로, 이는 BMW가 처음 기대했던 것보다 훨씬 많은 숫자였다. 마침내 영화는 DVD로도 출시되어 BMW의 잠재 고객들에게 더욱 널리 알려졌다.

BMW의 단편영화 프로젝트에 관해 생각할 때 특히 주목해야 할 사항이 있다. 영화 자체도 아주 근사했을 뿐만 아니라 영화를 전달하는 방식 또한 세련되었다. 그리고 인터넷을 마케팅 도구로 이용함으로써 과거에 사용했던 어떤 수단보다 더 큰 효과를 거두었다. BMW가 인터넷상에 영화를 공개했다는 사실만으로도 구매층에게 호소력이 매우 컸다. 실제로 매체가 메시지의 일부가 된 것이다. BMW의 기술적 선도성은 브랜드의 일부가 되었다.

사람들이 BMWfilm.com을 방문하도록 홍보할 때 다른 매체들도 많은 도움을 주었다. CNN, ABC 월드 뉴스 투나잇, 액세스 할리우드(Access Hollywood), USA 투데이, 뉴욕 타임스, 엔터테인먼트 위클리, 타임 지에서도 BMW의 영화 소식을 다루었다. 게릴라 홍보는 인터넷상에서 입소문을 유발했고, 지면 광고는 전략적 타깃 시장인 젊은층을 대상으로 진행되었다. 또한 BMWfilm.com에 스틸 사진, 플래시 애니메이션, 스트리밍 비디오와 오디오 자료를 올려놓음으로써 젊은층으로부터 뜨거운 환영을 받았다.

BMW 영화의 가장 큰 매력은 단순히 마케팅 전략으로만 보이진 않는다는 점이다. 그것은 다섯 편의 근사한 단편영화를 모아놓은 컬렉션이었다.

유명 인사

이 모든 프로젝트의 목적은 BMW를 멋지고 세련되고 흥미진진하고 앞선 기술을 보유한 브랜드로 보이게 하는 것이었다. BMW는 자동차 못지않게 영화 제작에서도 뛰어난 실력을 가지 인물들을 기용했는데, 제작에 참여한 감독과 배우들은 모두 유명 인물들이었다.

존 프랑켄하이머(John Frankenheimer) 감독은 50년 동안 영화를 감독해 온 거장으로 에미상과 아카데미상을 수상한 경력이 있다. 「와호장룡」으로 아카데미상을 수상한 이안(Ang Lee) 감독도 BMW 영화 제작에 참여했다. 그는 「센스 앤 센서빌리티」의 감독으로도 잘 알려져 있다. 가이 리치(Guy Ritchie) 감독은 「스내치(Snatch)」라는 영화를 감독했고 박스 오피스에서 좋은 성적을 거두었다. 그는 아내인 마돈나(Madonna)에게 BMW 영화의 공동 주연을 맡기기도 했다.

알레한드로 곤잘레스 이나리투(Alejandro Gonzalez Inarritu) 감독은 아카데미와 골든 글로브에서 최우수 외국어 영화상 후보에 오른 「아모레스 페로스(Amores Perros)」를 제작했다. 왕가위 감독은 1997년 칸 영화제에서 「해피 투게더」로 최우수 감독상을 받았으며, 「최후의 승리(Final Victory」라는 시나리오를 쓰기도 했다.

배우 클라이브 오웬(Clive Owen)은 다섯 편의 영화 모두에서 BMW를 운전하는 배역으로 등장한다. 오웬이 미국의 관객들에게 첫선을 보인 작품은 1998년에 개봉한 「크루피어(Croupier)」였다. 이후 오웬은 「본 아이덴티티(The Bourne Identity)」에서 벤 애플렉(Ben Affleck)과 공동 주연을 맡았고, 로버트 알트먼(Robert Altman) 감독의 「고스포드

파크(Gosford Park)」에도 출연했다.

놀라운 성과

BMW는 많은 유명 감독과 배우들을 기용해서 수준 높은 영화를 만들었을 뿐만 아니라 세련되고 멋진 영화를 탄생시켰다. 영화를 감상한 대부분의 사람들은 BMW 영화들이 아주 잘 만들어진 멋진 영화라고 생각할 것이다. 그렇다면 영화는 자동차 판매라는 본래의 목적을 달성했을까?

BMW는 타깃 구매층으로부터 브랜드에 대한 호평을 얻어냈고, 그 결과 청장년 구매층의 매출이 약 77퍼센트나 증가했다. 청장년층의 구매 욕구가 높아진 만큼 전시장 방문자의 수도 세 배나 증가했다. 결국 BMW는 2001년도에 신규 자동차를 출시하지 않았는 데도 전년도에 비해 매출이 12.5퍼센트나 증가함으로써 판매 대수가 처음으로 20만 대를 넘어섰다.

BMW의 단편영화 컬렉션은 4월에 나왔다. 그로부터 불과 한두 달 뒤인 5월과 6월 들어 BMW의 자동차 판매실적은 최고 기록을 달성했다. 전반적으로 경기가 좋지 않았는데도 불구하고 두 달간 총 4만 대 이상을 판매한 것이다. BMW는 참신하고 획기적인 브랜딩 프로젝트가 가져온 기대 이상의 성과에 깜짝 놀랐다. 그들은 이 같은 놀라운 성과를 계속 이어가기 위해 후속 작품으로 세 편의 첩보영화 제작에 발빠르게 뛰어들었다.

브랜드의 일부가 되고 싶다

BMW의 성공 사례가 '온리원(Only One)' 브랜드가 되고자 하는 기업들에게 의미하는 바는 무엇일까? 사실 모든 것을 의미한다. 브랜드란 고객을 위해 어떤 결과를 창출하는 것이어야 한다. 또한 브랜드는 느낌에 관한 것이어야 한다. 또한 제품이 종이 클립이든 헬리콥터이든 간에, 고객으로 하여금 '나도 그 일부가 되고 싶다'고 느끼게 하는 것이어야 한다.

BMW의 사례가 주는 교훈은 강력한 브랜드를 창출하려면 제품을 광고하는 것 이상의 일을 해야 한다는 것이다. 기업은 자신의 고객이 되면 언제나 좋은 느낌을 얻을 수 있다는 것을 알려야 한다. 그리고 이러한 느낌을 전달하기 위해서는 무엇보다도 고객과의 다양한 접촉이 필요하다. 즉 직원, 광고, 웹사이트, 점포 등 모든 차원에서 강력한 브랜드를 창출하기 위한 노력이 요구된다.

약속의 실천

팜 하버 홈즈의 래리 모스는, 강력한 브랜드는 약속을 지키는 데서 나온다고 믿고 있다. "우리 브랜드는 품질, 내구성, 고객만족, 에너지 효율성을 나타냅니다. 이는 사업 시작 때부터 이어져 내려온 방침이죠. 일관성은 우리가 갖고 있는 강점 중 하나이며, 그것은 고객에게 팜 하버 홈즈의 가치 제안(value proposition)을 분명하게 전달하는 데 도움이 됩니다."

　조립주택 사업에 대한 사람들의 인식을 바꿔놓는 것도 팜 하버 홈즈의 브랜드 목표이다. 모스는 말한다. "우리 회사는 일반적으로 저가의 서민용 주택을 공급하는 곳으로 알려져 있습니다. 하지만 우리의 목표는 맞춤화된 고품질 주택을 적절한 비용으로 제공하는 것입니다. 우리 회사의 운영 시스템, 목표, 보상, 광고, 채용 기준 등을 보면 아시겠지만, 업계 추세와는 상당한 차이가 있습니다. 우리는 또한 직원, 거래처, 고객 모두를 대상으로 '고객에게 딱 맞는 고품질의 주택'이라는 팜 하버 홈즈의 브랜드 메시지를 전달하기 위해 노력하고 있니다. 그 메시지에는 실질적인 의미가 담겨 있죠. 그렇지 않다면 그 메시지는 직원과 고객들에게 허울 좋은 구호로밖에 들리지 않을 테니까요."

　브랜드는 기업의 모든 것이다. 브랜드는 기업의 구성원 모두가 최선을 다해 창출하고, 유지하고, 대변해야 할 최우선 사항이다.

06

3가지 고객 원칙을 고수하라

고객 원칙

원칙 1_ 고객에 대해 정통하라.
원칙 2_ 고객에게 가까이 다가가라.
원칙 3_ 고객과 감성적 관계를 형성하라.

모든 독보적 기업은 위의 세 가지 원칙을 충실히 따르고 있다. 소비자가 주도하는 현재 그리고 미래의 시장에서, 기업이 고객을 더 많이 알고, 고객에게 더 가까이 다가가고, 고객과 감성적으로 더 친밀한 관계를 맺는 것보다 더 중요한 전략은 없다.

강력한 경쟁 수단

고객에 대해 잘 알면 알수록 그들과 더 가까워질 수 있고, 보다 감성적인 관계를 형성할 수 있다. 따라서 세 가지 고객 원칙은 거의 동시에 작동된다고 할 수 있다. 이 원칙들을 모두 실행할 수 있다면 그 기업은 확고한 경쟁 우위에 서게 될 것이다. 위의 세 가지 원칙 이외의 다른 방법으로는 평범함을 초월해 비교를 허용치 않는 수준에 이르기가 어렵기 때문이다. 제품의 가격, 품질, 서비스에서 기본적인 요건을 갖추었다면, 세 가지 고객 원칙은 독보적 기업이 되는 데 가장 중요한 요소이다.

고객을 아는 것이 먼저다

위대한 세일즈 트레이너인 톰 홉킨스(Tom Hopkins)의 가르침 중에서 내가 항상 기억하고 있는 한 가지가 있다. 고객이 자신을 좋아하고 신뢰하게 만드는 것을 세일즈의 첫째 목표로 삼으라는 말이다. 나는 그의 견해에 대체로 동의하지만 그것이 출발점은 아니라고 생각한다. 세일즈맨이 고객에게 호감과 신뢰를 얻기 위해서는 우선 그들에게 가까이 다가가야 하고 그들과 감성적 관계를 형성해야 한다. 그리고 이러한 과정들은 고객에 대해 아는 것에서 시작된다.

세일즈맨들은 대부분 판매에만 관심을 가질 뿐 나의 이러한 조언에 귀를 기울이지 않는다. 왜냐하면 나는 단기간에 실적을 끌어올릴 수 있는 비법이나 판매 기법에 대해서는 한 마디도 언급하지 않기 때문이다. 하지만 세일즈맨이 상품을 판매할 때, 매출을 향상시킬 수 있는 가장 강력한 무기는 바로 고객에 관해 파악하는 것이다.

세일즈맨들은 고객을 파악하려면 시간이 너무 많이 걸린다고 불평한다. 그들은 늘 바쁘게 뛰어다녀야 하기 때문에 잠재고객의 성향을 파악하고 연구할 시간이 나지 않는다고 말한다. 나는 나의 경쟁자들도 이런 세일즈맨들과 같은 생각을 갖고 있기를 바란다. 그러면 내 일이 훨씬 수월해질 테니까 말이다.

어떻게 모를 수 있는가?

몇 년 전 한 은행으로부터 컨설팅을 해줄 수 있는지 제의를 받은 적이 있다. 은행 측은 다른 두 명의 컨설턴트에게도 똑같은 제의를 했다. 세 명의 후보자들에게 소매금융 분야의 시장 점유율 향상 방안에 대한 제안을 요청한 것이다. 이때 은행 측은 서면이 아닌 구두 제안을 듣기 원했다. 은행 측 선정 위원회에서 각각의 후보자와 전화 면접을 볼 예정이며, 이때 자신이 생각하는 방안을 제안하는 방식으로 진행된다고 했다. 면접 날짜는 2주 뒤인 월요일로 정해졌다.

나는 전화 면접에 대비해 은행의 소매금융 점유율 향상 방안을 철저히 준비했다. 드디어 월요일이 되었고, 내 차례는 마지막이었다. 전화가 연결되자 스피커 폰을 통해 선정 위원들을 소개한 다음, 제안 사항을 설명해보라고 했다.

"우선 급한 불부터 꺼야 합니다." 나는 이렇게 말문을 열었다. "지금은 시장 점유율 향상 방안을 고려할 때가 아닙니다. 많은 고객들, 특히 오랫동안 거래해 온 고객들이 거래처를 바꿀 것인가, 그대로 유지할 것인가를 놓고 심각하게 고민하고 있습니다. 그러므로 귀사는 무엇보다도 현재의 시장 점유율을 유지하는 데 주력해야 합니다. 또한 귀사의 직원들은 언론을 통해 은행 매각 소식을 듣고 크게 동요하고 있습니다. 이번 갑작스런 매각 건으로 인해 귀사가 대처해야 할 몇 가지 긴급한 사안들이 있습니다. 이에 대해 제가 도움을 드릴 수 있을 겁니다."

선정 위원회 측은 한동안 말이 없었다. 나는 속으로 '이번 건은 포기해야겠군' 하고 생각했다. 그때 전화기에서 위원장의 목소리가 들려왔다. "캘러웨이 씨, 우리는 당신에게 일을 의뢰하기로 결정했습니다. 우리 은행에 가장 시급한 현안이 무엇인지 함께 논의해봅시다." 이후 은행의 매각과 관련된 사안들, 즉 매각에 따른 손실을 최소화하고 새로운 기회를 창출하려면 어떻게 해야 하는지를 놓고 심층적인 논의가 이루어졌다.

논의 도중 은행 측의 한 사람이 내게 질문을 던진 것을 계기로 재미있는 대화가 오갔다. "한 가지 궁금한 점이 있어요. 다른 두 명의 후보 컨설턴트들은 우리 은행이 매각된 사실을 모르고 있더군요. 지난 주말에 업계 전체가 이 소식으로 한동안 떠들썩했는데 말이죠. 어째서 그 사람들은 그 사실을 몰랐을까요?" 이 질문에 나는 이렇게 대답했다. "저는 오히려 그 같은 사실을 모를 수 있다는 게 더욱 이해되지 않는군요."

160

이번 일처럼 가끔은 의아할 정도로 너무 쉽게 승부가 나는 경우가 있다. 누워서 떡 먹기라는 속담은 바로 이런 경우를 두고 하는 말인가 보다.

고객을 파악하고 있음을 보여줘라

기업 강연과 경영 컨설턴트 분야에서 오랫동안 일하다 보니, 나는 어느새 이 분야의 신참들에게 고참 대접을 받는 위치가 되었다. 그래서인지 이따금 전문 강사나 컨설턴트들로부터 이 분야에서 성공하는 방법을 조언해달라는 요청을 받을 때가 있다. 다른 사람들과 마찬가지로 이들도 획기적으로 실적을 높이는 비법을 알고 싶어한다. 그리고 '고객에 대해 정통하라' 는 나의 주장에는 전혀 관심을 보이지 않는다. 그들 역시 다른 세일즈맨들이 그랬던 것처럼 영업을 하기에도 시간이 모자란다고 투덜거린다.

컨설팅 업계에서 거래가 성사되는 전형적인 상황을 살펴보자. 나는 어느 기업으로부터 관리자들을 대상으로 강연할 사람을 찾는다는 e-메일을 받는다. 그들은 지금은 강연자를 섭외하는 단계이므로 다른 몇몇 후보자와도 접촉 중이라는 사실을 미리 밝혀둔다. 그런 다음 강연 내용에 관해 의논하기 위해 통화가 가능한지 문의한다. 한편 나는 답신에서, 내가 강연에 적합한지 여부를 결정할 수 있도록 도와주겠다고 말하고, 만약 부적합하다면 다른 사람을 소개시켜줄 수도 있다는 말을 덧붙인다.

나는 세일즈 초기 단계에서는 늘 이런 식으로 접근한다. 내가 적극적으로 나서서 거래를 하자고 제의하지 않는 것이다. 나는 거래가 양쪽 모두에게 합당한지를 먼저 알아본 다음 최종적인 결정을 하도록 한다. 그렇게 하면 거래는 자연스럽게 이루어진다. 반대의 상황이 오더라도 별로 개의치 않는다. 맞지 않는 일을 억지로 맡으려고 할 경우, 오히려 내 사업에 손실을 불러올 수 있기 때문이다. 둥근 구멍에 네모진 말뚝을 박는 것은 헛수고일 뿐이다.

나와 회사 측이 서로 메일을 주고받은 후에는 담당자에게서 다음과 같은 내용의 전화가 걸려온다. "캘러웨이 씨, 당신이 우리 회사에 대해 얼마나 많이 알고 있는지는 현재로선 확신하기 어렵습니다. 우리가 원하는 강연자는 현재 우리 회사가 추진하려고 하는 일을 잘 이해할 수 있는 사람입니다."

그러면 나는 이렇게 답변한다. "제가 알고 있는 사실을 간략히 말씀드리죠. 현재 귀사는 미래에 대한 계획을 세우고 지금의 위기 상황을 극복하기 위해 노력 중입니다. 그리고 이런 사항들을 직원과 고객들에게 널리 알리고 싶어합니다. 현재 모든 판매 조직을 개편하는 걸로 알고 있는데, 제 추측이 틀리지 않다면 이번 간부 회의에서도 그 문제가 주요 사안으로 대두될 겁니다. 가격 분야에서는 귀사의 경쟁사가 우위를 달리지만, 귀사는 대신 연구조사 분야의 경쟁력이 뛰어납니다. 이런 점들을 고려할 때, 귀사는 제품이 아니라 솔루션 판매에 주력해야 한다고 봅니다. 신임 CEO는 기업 구조조정을 수행한 경험이 있고, 사업 운영 및 영업 분야에 탁월한 능력이 있다고 들었습니다. 하지만 제게 중요한 것은 귀사가 개선해야 할 부분들을 찾아내는 일입니다. 괜찮다면 귀사를 방문해서 하루 정도 담당자들을 만나 이야기를 나눠보고 싶군요. 물론 별도의 비용 없이 말입니다. 그렇게 하면 귀사의 상황이나 과제를 정확히 파악할 수 있고, 만약 함께 일하게 된다면 제가 어떤 도움을 드릴 수 있는지도 알게 될 테니까요."

내 답변을 듣고 난 뒤, 담당자는 짧고 명쾌하게 마무리한다. "좋습니다, 캘러웨이 씨. 이번 강연을 맡아주세요."

컨설팅 분야의 신참들뿐 아니라 나의 경쟁자인 노련한 베테랑들조차 그와 같은 조사를 할 시간이 없다는 말을 자주 한다. 그리고 멀리 있는 잠재 고객을 만나보기 위해 적지 않은 시간과 비용을 들이는 것이 쉽지 않다면서 계속 전화통만 붙들고 있다. 하지만 나는 그들과 다르게 행동한다. 그리하여 고객을 더 잘 파악하고, 결국에는 승리하게 될 것이다.

고객을 아는 것이 내 일이다

컨설턴트인 내가 하는 일은 고객과 고객의 사업이 운영되는 방식을 이해함으로써 그들이 성공하도록 도울 수 있는 방법을 알아내는 것이다. 컨설턴트들 중에는 강연과 집필 활동이 자신의 주요 업무라고 생각하는 사람이 있다. 강연이나 집필은 컨설팅 분야에서 자신이 실제로 수행하고 있고, 더 많이 알고 있는 것을 전달하는 수단일 뿐이다. 나는 경쟁력을 키우는 데 도움이 되는 지식을 얻기 위해 다음과 같이 노력하고 있다.

하나는 지속적으로 시장에 대한 정보를 습득하는 것이다. 이를 위해 신문이나 잡지, 정기 간행물과 같은 관련 정보 매체들을 빠짐없이 읽는다. 업계 동향을 파악하기 위해 포브스, 포춘, 월스트리트 저널, 비즈니스 위크와 같은 유익한 정보를 담은 10여 종이 넘는 잡지들을 읽는다. 그 외에도 하루도 빠짐없이 경제 뉴스 사이트와 기업의 홈페이지를 방문한다.

세일즈 상담을 준비하면서 대상 기업에 대해 조사할 때는 그 기업의 연례 보고서와 관련 기사들을 검토하고, 사보나 대외 홍보자료도 훑어본다. 하지만 뭐니뭐니 해도 비장의 무기는 대상 기업의 홈페이지이다. 나는 특히 '뉴스'와 '보도자료' 란을 유심히 살펴본다. 그 기업의 상황을 바로 파악하는 데 그것만큼 유용한 수단도 없기 때문이다. 이처럼 인터넷은 시장의 동향과 대상 기업에 대한 조사 결과를 쉽고 효율적으로 종합하는 데 많은 도움이 된다.

사람들은 흔히 조사 과정의 어려움과 시간 부족을 핑계댄다. 나의 경우, 거래 가능성이 희박한 회사에 전화를 걸거나 제안서를 작성하는 데 시간을 낭비하지 않는다. 나 역시 내게 적합하지 않은 기업과 거래하고 싶은 생각은 추호도 없다. 만약 지금까지 나와 맞는 기업이 한 곳도 없었다면, 나는 이미 컨설팅 업계에서 퇴출되었을 것이다.

고객이 원하는 것을 줘라

테네시 주 내슈빌에서 미로(Mirror)라는 레스토랑을 친구와 함께 개

점했을 때, 식당 메뉴의 대부분은 타파스(tapas) 요리였다. 타파스는 스페인어로 '작은 접시'라는 뜻이다. 타파스는 식욕을 돋우기에 적당한 사이즈의 요리이기 때문에 와인 한 잔과 함께 여러 개의 타파스 요리를 주문해야 한 끼 식사로 적당하다. 참으로 기발한 아이디어였다. 그런데 미로를 찾는 손님들은 요리는 좋아했지만 타파스라는 컨셉은 별로라고 여기는 듯했다.

다행히 미로에는 실력 있는 주방장인 마이클 데그레고리(Michael Degregory)와 매니저 콜린 데그레고리(Colleen Degregory)가 있었다. 콜린은 우리에게 이런 의미 있는 말을 했다. "손님에게 음식에 대해 가르치려고 우리가 여기 있는 건 아닙니다. 우리는 손님이 원하는 음식을 만들어야 해요." 그래서 우리는 메뉴뿐만 아니라 레스토랑의 모든 것을 확 바꾸었다. 얼마 뒤 미로는 새로운 모습으로 변신했고, 이후 단골 손님들도 하나 둘 늘어나기 시작했다. 우리는 손님들의 취향을 알아내서 그들이 원하는 음식을 대접하기 위해 열심히 노력했다. 어떤 면에서는 요식업도 지식 산업이다. 손님을 이해하는 것이 무엇보다 중요하기 때문이다. 그래야 손님이 가장 기대하는 것, 즉 그들을 행복하게 만드는 식사 경험을 제공할 수 있다.

하지만 제품과 서비스와 가격만으로는 평범함을 뛰어넘기 어렵다. 질 좋은 제품과 훌륭한 서비스를 경쟁력 있는 가격에 제공하는 것은 이제 기본에 지나지 않는다. 따라서 평범함을 넘어서려면 새로운 단계로 도약해야 한다. 그리고 그 도약을 위한 최상의 출발점은 고객에 대해 아는 것이다. 하지만 고객이 원하는 것을 안다고 가정하거나 자신의 생각을 고객에게 강요하는 것은 위험한 생각이다. 기업이 좋다고 여겼던 것이 고객이 보기엔 오히려 그 반대일 수도 있기 때문이다.

판매원의 추측은 틀렸다

어느 날 양복 판매원이 내 사무실을 방문했다. 그 사람은 고객이 그 자리에서 바로 옷감을 고를 수 있도록 견본도 잔뜩 들고 왔다. 판매원은 고객의 몸 치수를 잰 다음 원하는 양복이나 와이셔츠을 만들어서 직접 배달해주는 일을 하고 있었다.

양복 판매원은 자신의 영업 방식의 장점을 내게 설명해주었다. 하지만 내가 보기에 그것은 잘못된 생각이었다. 그 사람의 말은 고객이 무엇을 원하는지 알고 있다는 추측에 근거하고 있었다.

그 판매원은 나처럼 바쁜 사람은 복잡한 매장에 들러 양복을 직접 고르거나 맞춰 입을 시간이 없을 거라고 말했다. 그는 자신이 직접 고객을 방문하기 때문에 고객은 사무실에서 편안히 앉아 옷감을 선택하기만 하면 되므로 빠르고 편리하게 옷을 구입할 수 있다는 논리였다.

유감스럽게도 그 판매원의 추측은 틀렸다.

나는 판매원에게 그가 줄줄이 열거한 장점들이 내가 원하는 것과는 정반대라고 말해주었다. 사실 나는 매장에 직접 들러 다양한 옷들을 맘껏 구경하고, 내 취향을 잘 알고 있는 매장 직원들하고 이런저런 이야기를 나누는 것을 즐긴다. 나처럼 바쁘게 살아가는 사람은 가끔씩 해보는 그런 일들이 마치 휴식과도 같다. 양복이나 셔츠의 옷감을 고르는 일은 즐거움뿐만 아니라 여유마저 느낄 수 있게 한다. 더구나 잠깐 동안이나마 삭막한 사무실을 벗어날 수 있은 기회가 생겼으니 얼마나 기분이 좋겠는가.

손님의 취향을 아는 것이 중요하다

내가 수년째 이용하고 있는 단골 옷가게의 주인인 마이크 버렛 (Mike Barrett)은 앞서 예로 든 방문 판매원과는 사뭇 다른 경험을 제공하고 있다. 나는 시내를 다니며 수많은 옷가게들을 둘러보지만 한 가지 이유로 인해 결국에는 마이크의 가게로 발길을 돌리게 된다. 마이크는 다른 어떤 옷가게 주인들보다 고객인 나를 잘 알고 있다. 마이크는 여러 해에 걸쳐 내가 어떤 스타일을 옷을 좋아하고, 어떤 식으로 옷을 구매하는지 따위를 면밀히 관찰했다. 물론 그는 대부분의 손님들을 나와 같은 방식으로 대한다.

마이크는 검정색 이탈리안 양복이나 고전적 스타일의 넥타이가 새로 들어오면 내게 전화를 한다. 프랑스제 흰색 셔츠가 들어올 때도 마찬가지다. 그는 내 취향을 잘 알고 있기 때문이다. 내가 그의 매장에 들를 때마다 그는 잠깐 인사를 건네고는 나 혼자 구경하도록 내버려둔다. 그는 내가 한 가지 스타일의 옷을 좋아한다는 것과, 혼자서 옷 고르는 것을 매우 즐긴다는 사실을 잘 알고 있다. 한참을 구경하다가 마음에 드는 옷을 발견했을 때, 나는 그 옷을 한번 입어보고 싶다는 신호를 보낸다. 넥타이나 셔츠에 관해 조언이 필요할 때면 마이크는 어느새 내 옆으로 다가와서 친절하게 설명을 해준다.

마이크는 자신이 팔아야 하는 옷이 아니라, 그 옷을 사려고 하는 고객에게 초점을 맞춘다. 그러한 행동이 고객으로 하여금 그가 운영하는 옷가게를 반드시 찾게 만드는 요인이다. 고객에 대해 더 많이 알수록, 고객과 더 가까워지게 되는 것이다.

시간을 내주셔서 고맙습니다

독보적 기업이나 개인은 자신이 적합한 곳이 어디인지 잘 알고 있다. 또한 자신이 적합하지 않는 곳에서는 빨리 벗어날 줄도 안다. 그들은 실적에 급급해서 부적절한 거래를 하는 어리석음을 범하지 않으며, 거래에 앞서 그것이 적합한지를 파악하기 위해 고객에 대한 지식을 얻는 데 초점을 맞춘다. 비즈니스에서 최악은 자신이 능숙하지 않은 분야의 일을 맡는 것이다. 다른 사람이 해야 할 일을 하는 것만큼 어리석은 것은 없다.

한번은 내 친구에게서 소개를 받았다는 한 남자로부터 전화가 걸려 왔다. 그는 지금 적당한 투자처를 찾고 있으며, 나의 사업 계획에 대해 듣고 싶다고 말했다. 나는 그와 만나기로 약속했다. 그리고 그 남자와의 거래 상담은 이전에 경험했던 어떤 상담보다 인상적이었다.

그는 자신이 했던 투자에 대해서 간략하게 설명한 다음 나의 사업 계획에 대해 물었다. 나는 내가 성취하고자 하는 목표와 방법에 대해 설명했다. 그러자 그가 말했다. "당신은 당신이 하고 있군요. 하지만 내 투자 방식과 당신의 계획은 잘 맞지 않는 것 같아요. 아무튼 시간을 내주셔서 고맙습니다."

완벽했다. 그는 자신이 어디에 적합한지를 이해하고 있는 전문가였고, 억지로 자신에게 맞지 않는 거래를 하고 싶어하지 않았다. 또한 모든 문제에 대한 해결책을 갖고 있다는 듯이 장황한 말을 늘어놓으면서 서로의 시간을 낭비하지도 않았다. 그가 내 시간을 존중해주었기 때문에 나 역시 그에게 감사를 표시했다. 이후 나는 그의 사업에 적합하다고 여겨지는 세 사람을 그에게 소개시켜주었다.

이번엔 프라이를 드셔보세요!

내가 운영하는 레스토랑 '미로'에는 평소에는 맛보기 어려운 독특한 메뉴들이 많다. 일단 맛을 보면 홀딱 빠져들기 쉬운 기막힌 음식인데, 손님들은 좀처럼 주문을 하지 않는다. 이 문제를 해결하기 위해 웨이터로 일하는 닉(Nick)은 자기만의 방식으로 그 메뉴들을 손님에게 권하곤 한다. 닉은 특별한 음식을 권하기 전에 손님이 메뉴에 관해 주로 어떤 질문을 하고 무슨 음료를 시키는지 정보를 충분히 수집한다. 무슨 요리를 권할지를 판단하기 위해서이다. 이는 자신이 권하는 모든 메뉴를 손님들이 좋아할 것이라고 단정하고 틀에 박힌 제안을 하는 것과는 차원이 다르다. 닉은 손님의 취향에 따라 권하는 음식을 매번 바꾼다.

우리 레스토랑의 대표 메뉴 중 하나는 블루 치즈 폴렌타 프라이(blue cheese polenta fries)이다. 이 음식은 워낙 맛이 독특해서 '푸드 네트워크(Food Network)' 라는 프로그램에서 소개된 적도 있다. 사람들은 대개 블루 치즈 폴렌타 프라이라는 이름만 보고는 어떤 음식인지 잘 모른다. 설사 나름대로 추측을 하더라도 주문하는 것은 꺼리는 편이다. 손님들은 이름에서 연상되는 파란색 치즈에 폴렌타(옥수수죽)와 튀김이 뒤섞인 음식을 떠올리기 때문이다. 하지만 웨이터인 닉은 그 음식을 좋아할 것 같은 손님에게는 적극 권한다.

우리 레스토랑을 찾는 대부분의 손님들은 새로운 음식을 맛보는 것을 좋아하는 세련된 미각의 소유자들이다. 그들이 평범한 입맛을 갖고 있다면 굳이 우리 레스토랑을 찾아오지 않을 것이다. 그래서 블루 치즈 폴렌타 프라이를 한번 맛본 손님들은 독특한 맛에 감동하고, 또 그 메뉴를 권한 닉에게 고맙다는 말을 잊지 않는다. 여기서 중요한 사실은, 고객에게 자신 있게 추천할 수 있으려면 고객의 취향을 잘 알아야 한다는 것이다.

무엇을 도와줄지 고객에게 묻지 말라

"무엇을 도와드릴까요?" 하고 물어본 다음에야 도움을 주는 전통적인 고객 관계는 잘못되었다. 만약 고객이 기업에게서 어떤 도움을 받을 수 있는지, 자신의 문제를 해결할 어떤 좋은 방법이 있는지 모르는 경우에는 도움을 받지 못할 수도 있기 때문이다.

몇 년 전 내가 거래하던 대형 은행의 간부 한 사람이 '고객에게 더 가까이!' 라는 캐치프레이즈의 일환으로 내 사무실을 방문한 적이 있었다. 그 사람이 내 사무실까지 직접 방문한 것은 그때가 처음이었다. 그녀는 자신의 은행이 고객인 나에게 얼마나 많은 관심을 갖고 있으며, 또 얼마나 나와 가까워지고 싶어하는지를 거듭 설명했다.

그녀는 자신의 은행에서 제공하는 기본적인 서비스에 대한 판에 박힌 설명을 죽 늘어놓고 나서, 내 거래 내역을 줄줄이 읊었다. 결국 그녀는 내 계좌에 잔고가 얼마 남았고, 신용 등급이 몇 등급인지를 알려주기 위해 '고맙게도' 고객의 귀중한 시간을 빼앗은 것이다. 그녀가 말한 내용은 내가 이미 알고 있는 사항들이었다. 마지막으로 그녀는 은행과 내가 '가까운' 관계임을 강조하려는 듯 과장된 몸짓으로 이렇게 물었다. "제가 또 도와드릴 게 없나요?"

글쎄, 고객인 내가 뭘 알겠는가! 나는 은행원이 아니잖은가! 많은 은행들이 제공하고 있는 여러 가지 새로운 서비스에 대해서는 한마디도 언급하지 않았으니, 내게 필요한 것이 무엇인지 어떻게 알 수 있단 말인가. 유감스럽게도 그 은행 간부가 나를 방문해 설명한 서비스들은 이미 내가 이용하고 있는 것들이었다. 은행 측은 고객인 나와 가까운 관계임을 강조할 게 아니라, 우선 내가 하는 일을 제대로 이해한 다음 어떤 종류의 서비스가 필요한지를 알려줬어야 했다.

그 일을 계기로 나는 얼마 뒤 그 은행과 거래를 끊었다. 그리고 진심으로 고객의 입장을 이해하고, 고객과 더 가까워지고자 노력하는 소규모 은행을 찾아갔다. 판촉 차원에서 지극히 형식적인 방문을 하여 고객과 가까운 관계임을 말로만 강조하는 것은 은행과 고객 모두에게 시간 낭비일 뿐이다.

한 사람이 하나의 시장이다

오늘날 고객관계관리(CRM)가 뜨거운 주목을 받고 있다. 기술은 과거 어느 때보다 기업이 고객에 대해 많은 정보를 알 수 있게 해준다. 하지만 정보는 제대로 이용될 때만 좋은 것이다. 많은 기업들이 정교한 CRM 프로그램을 운영하면서 잘못된 생각을 갖고 있다. 그들은 고객에 대해 많은 정보를 수집하면 자신들의 문제를 해결할 수 있고, 기업의 성장을 촉진할 수 있을 거라고 생각한다. 하지만 정말로 중요한 문제는 그와 같이 축적된 정보를 어떻게 이용하느냐 하는 것이다. 정보가 많다고 해서 좋은 게 아니라, 고객과 가까워질 수 있도록 그 정보를 적절히 활용하는 능력이 무엇보다 중요하다.

인터넷에서는 상대방의 얼굴을 직접 마주 볼 수 없기 때문에 개인적 서비스를 제공하기 어렵다고 주장하는 사람들이 많다. 그런 말을 하는 사람은 분명 인터넷 쇼핑몰을 자주 이용해보지 않은 사람일 것이다. 오프라인 매장에서 얼굴을 마주보며 고객을 대할 때와 마찬가지로 인터넷 상에서도 내가 누구인지 알 수 있다. 이것이 바로 핵심이다. 인구통계학상의 특정 그룹을 겨냥해 마케팅을 하던 시대는 이미 지났다. 예를 들어 특정 지역에 거주하고 일정한 수입이 있는 특정 연령대의 남성 고객층을 목표로 하는 경우, 하나의 시장으로서 개개인을 겨냥하는 경쟁사를 이기지 못할 것이다.

인터넷은 바로 이런 것을 효과적으로 수행할 수 있는 훌륭한 수단이다. 인터넷을 활용하든 안 하든 간에, 모든 기업은 이와 같은 접근 방식을 도입해야 한다. 하나하나의 시장에 팔아라. 한 번에 한 그룹이

아니라, 한 번에 한 고객씩 다가가라. 독보적 기업은 항상 그런 방식
으로 사업을 운영해 왔고, 지금은 모든 기업에 필수적인 방식으로 자
리잡았다.

고객관계 관리

어느 일류 요리사에게 특별히 좋아하는 레스토랑이 있느냐고 물어
본 적이 있다. 그랬더니 손님인 자기를 알아보는 레스토랑이라는 대
답이 돌아왔다.

나는 강연에 참석한 청중들에게 가장 호감을 느끼는 업체는 어디이
며, 왜 그 업체를 좋아하느냐고 물어본 적이 있다. 청중들 대부분은
고객인 자신에 대해 잘 알고 있는 업체를 가장 좋아한다고 대답했다.
그 이유는 자신의 취향을 잘 알고 있어서 가장 적절한 조언을 해줄 수
있기 때문이란 것이었다. 고객을 이해하고, 고객을 알아보며, 고객에
게 가까이 다가가는 것, 이것이 바로 고객관계 관리의 핵심이다.

나는 인터넷 쇼핑몰에서 물건을 자주 구매하는 편이다. 책을 사려
고 인터넷 서점을 방문하면, 제일 먼저 나를 환영하는 창이 뜨고 내가
관심을 가질 만한 도서 목록도 보여준다. 어떻게 인터넷이 내 취향에
맞는 책을 추천해줄 수 있는 걸까? 내가 그 동안 구매했거나 관심을
보인 책들을 토대로 관련 분야의 책을 찾아내기 때문이다. 길모퉁이
에 있는 동네 서점에서도 그와 똑같이 할 수 있다. 약간의 시간과 노
력을 들여 고객에 대해 알려고만 한다면 말이다.

때로는 그보다 한 단계 높은 수준의 서비스를 제공하는 인터넷 기업도 있다. 그들은 내가 고객서비스 센터로 전화를 걸면, 직원이 나와 동일한 화면을 들여다보며 제품에 대해 설명하거나 질문에 답을 해준다. 또는 가장 적절한 제품을 추천해주기도 한다. 이런데도 인터넷에서 개인적 서비스가 안 된다는 말을 할 수 있을까?

일반적 접근은 통하지 않는다

내가 이전에 거래하던 은행이 기껏 생각해낸 개인적 서비스는 은행 소식지를 모든 고객들에게 발송하는 것이었다. 한때는 이런 방식이 효과가 있었지만, 이제 더 이상 통하지 않는다. 그런데도 여전히 많은 회사들은 고객 개개인의 특성을 고려하지 않은 채 소식지나 광고물을 대량으로 발송하고 있다. 반면 독보적 기업들은 다소 구식으로 여겨지는 방식, 즉 한 번에 한 고객과 진정한 개인적 커뮤니케이션을 하는 방식으로 돌아가고 있다. 이들은 다수를 상대로 한 매스 마케팅 대신 개개인을 겨냥한 일대일 마케팅을 하고 있다. 이를 위해 전자상거래에서와 같이 최신 기술을 활용하거나 직원들이 고객들과 가까워지는 데 더 많은 시간을 쓰게 하고 있다.

만일 당신이 사업에 대해 일반적 접근을 하고 있다면, 한번에 한 고객과 가까워질 수 있는 방법을 강구하는 것이 좋을 것이다. 당신은 분기별로 한 차례씩 고객 대표들과 만나고 있는가? 고객들의 소리를 들을 수 있는 의사소통 창구를 갖고 있는가?

당신의 회사에 대해 고객이 어떻게 인식하고 있는지, 또 회사의 이미지나 광고에 대해 어떻게 생각하는지 파악할 수 있는 방법을 갖고 있는가? 고객이 아닌 일반인들은 당신의 회사에 대해 어떻게 생각하는지 아는가? 경쟁사의 고객들은 당신의 회사를 어떻게 생각하는지 아는가? 경쟁사는 당신의 회사를 어떻게 생각하는지 아는가? 고객은 당신의 회사에 대해 이런 말을 하는가? "귀사 영업 직원의 제안 덕분에 우리 업무의 효율성이 높아졌습니다."

만일 이러한 일들을 하고 있지 않다면, 어떻게 고객과 가까워지고, 그들과 거래를 계속 유지할 수 있을 것인가?

단골 고객이 떠나고 있다

단골 고객의 속마음을 들여다볼 수만 있다면, 아마 깜짝 놀라는 기업들이 많을 것이다. 고객들은 지금 이런 생각을 하고 있을지도 모른다. '당신들과 오래 거래해 왔다고 해서 누굴 봉으로 아나보군. 나도 보는 눈이 있다구. 당신들은 신규 고객에게 신경을 쓰느라 단골인 나한테는 전혀 관심을 보이지 않고 있어. 이제 당신들과는 끝이야. 나를 제대로 대접해주고, 단골 고객을 더 신경 써주는 새로운 거래처를 알아보겠어.'

단골 고객이 금방이라도 다른 거래처로 발길을 돌릴 것만 같은 징후가 보이는데도 기업들은 그 사실을 눈치채지 못하고 있다. 문앞에서 새로운 손님들을 끌어모으려고 북장단을 치고 있는 사이, 뒷문으로는 단골 고객들이 하나 둘 빠져나가고 있는 것이다. 요즘 고객들은 기업이 자신을 무시하거나 소홀히 대하면 당장 그 자리에서 거래를 중단한다. 새로운 고객과 가까워지려고 애쓰는 사이, 당신의 단골 고객들이 소외감을 느낀다는 사실을 알아야 한다.

감성적 연결

나는 이따금 기업인들에게 고객과의 감성적 연결이 필수적이라고 생각하는지 묻는다. 일부는 그 질문에 놀라기도 하지만 대부분은 감성적 연결이 필요하다는 데 동의한다. 특히 경쟁자와 비교를 거부하고자 한다면 그러한 연결이 반드시 요구된다. 사실 고객과의 강력한 감성적 연결을 창출하지 못하는 기업은 온리원(Only One)' 의 위치에 오르기 어렵다.

이 원칙은 업종에 관계없이 적용된다. 나는 콘크리트 파이프를 제작하는 업체와 일한 적이 있는데, 이 기업은 고객과의 감성적 연결이 중요하다는 사실을 누구보다도 잘 인식하고 있었다. "경쟁자들을 물리치기 위해서는 우리만의 강점이 있어야 합니다. 우리보다 더 낮은 가격을 제시하는 회사도 있지만, 거래 업체나 정부기관 사람들은 우리와 계속 거래하길 원합니다. 그것은 우리와 마음이 통하기 때문에 가능한 일이죠."

독보적 기업들은 감성의 힘이 얼마나 강력한지를 잘 알고 있다. 최고의 감독들이 만든 BMW 단편영화는 고객과 감성적으로 연결되는 것이 얼마나 중요한지를 단적으로 보여주는 훌륭한 예이다. BMW 단편영화를 제작한 가장 중요한 목표는 감성적 차원에서 잠재 고객과 연결되고자 하는 것이었다. 그 영화를 본 사람이면 영화 속의 BMW를 타고 주인공 같은 기분을 느껴보고 싶었을 것이다. 최첨단 기법으로 만들어진 이 영화는 최첨단의 자동차를 타보고 싶어하는 고객의 마음을 움직이는 데 크게 성공했다.

마케팅 역사에서 마이클 조던은 가장 영향력 있는 인물로 꼽힌다. 그것은 그만이 갖고 있는 팬들과의 감성적 연결 때문이다. 기업들은 조던과 고객 간의 감성적 연결이 자신들의 제품으로 전이되기를 희망했다. 1970년대에 코카콜라는 피츠버그 스틸러스(Pittsburgh Steelers) 소속의 미식축구 영웅인 민 조 그린(Mean Joe Greene)을 광고에 등장시켰다. 광고에서 민 조는 경기가 끝난 직후 차가운 콜라를 건네준 소년에게 자신의 유니폼을 던져주었다. 그것은 순수한 감성적 행동이었다. 운동선수 중에는 부와 명예를 한손에 거머쥔 스타들이 많지만, 대중과 감성적으로 연결되어 있지 않다면 광고에 출연할 기회가 주어지지 않을 것이다.

컬럼비아(Columbia), 유니버설(Universal), RKO, 유나이티드 아티스트(United Artists)와 같은 거대 영화사의 경우를 생각해보자. 대부분의 사람들은 이 영화사들의 로고를 본 적이 있을 것이다. 컬럼비아 영화사의 햇불을 들고 있는 여성, RKO의 무선 중계탑, 유니버설의 돌고 있는 지구가 그것이다. 그런데 사람들은 이 영화사들 중 어느 한 곳에 대해서도 감성적인 느낌을 갖고 있지 않았다. 이들은 꽤 유명하고 브랜드 인지도도 높지만, 모두가 하나의 카테고리 내에서 경쟁하고 있다. 따라서 어느 영화사도 '온리원(Only One)'의 자리를 차지하지 못하고 있는 것이다.

또 다른 영화사인 디즈니의 경우는 어떤가? 디즈니 영화사는 많은 사람들과 감성적으로 밀접하게 연결되어 있다. 즉, 사람들은 디즈니 영화에 대해 특별한 느낌을 지니고 있다. 그리고 이런 감성적 연결이 디즈니를 영화업계의 '온리원'으로 만들어주었다.

지금 당신의 기업은 고객과의 감성적 연결을 창출하기 위해 어떤 일을 하고 있는가?

관심과 배려를 표현하라

고객과의 감성적 연결은 사업을 최고 수준으로 끌어올린다. 전문 강사로 활동하는 내 친구 짐 캐스카트(Jim Cathcart)의 말을 빌리면, 이것은 "우정어린 행동"으로 포출된다. 고객과의 감성적 연결은 긴밀할수록 좋다. 하지만 기업은 그것을 당연하게 여겨서는 안 된다. 기업이 고객과의 감성적 연결을 창출하고 유지하기 위해서는 고객에 대한 지속적인 관심과 정성을 보여야 하며, 그에 대한 대가는 고객 충성도로 돌아올 것이다.

당신은 경쟁사가 제품의 가격, 품질, 서비스의 차원에서 어떤 조건을 제시하더라도 고객이 그 점을 전혀 안중에 두지 않을 만큼 당신의 위치가 공고해지기를 원할 것이다. 이를 위해서는 단순히 가격이나 품질의 차원을 뛰어넘어 경쟁사와 비교를 허용치 않는 수준에 도달해야 한다.

고객과의 감성적 연결은 오랜 시간에 걸친 수 많은 행동들에 의해 형성된다. 그러한 행동은 대개 개인적인 차원에서 이루어지는 매우 사소한 행동들이다. 예를 들면 지나가는 열차를 항해 손을 흔들어주는 디즈니의 직원, 복도를 걷고 있는 손님에게 다정한 인사를 건네는 리츠칼튼 호텔의 직원, 꽃을 선사하는 치과 진료소, 고객 자녀들의 이름을 기억했다가 아이들의 안부를 묻는 컴퓨터 서비스 회사의 직원들이 보여주는 행동이 바로 그것이다. 이처럼 직원들이 표현하는 작은 행동 하나하나가 고객과 감성적으로 연결되는 데 매우 큰 힘을 발휘한다.

모든 고객에게 무차별로 우편물을 발송하기보다는 고객의 취미나 관심사를 기억해두었다가 잡지에서 우연히 발견한 관련 기사를 오려 보내줄 때 고객과의 감성적 연결이 이루어진다. 이처럼 감성적 연결은 구매자가 아닌 한 개인으로서 고객에 대해 세심한 관심과 배려를 표현할 때 형성된다. 다시 말해 고객이 문제를 해결할 수 있도록 도움을 주거나 고객이 전혀 예상하지 못한 방식으로 도움을 줄 때 비로소 강력한 감성적 연결이 이루어지는 것이다.

덤으로 끼워주기

요즘에는 손님들을 끌어모으기 위한 판촉 전략으로 물건 하나를 사면 다른 물건을 덤으로 끼워주는 경우가 많다. 세제를 사면 유리컵을

덤으로 주거나, 주유소에서 기름을 넣으면 화장지를 나눠주는 식이
다. 나는 네 살 때 치과에서 슈퍼맨 의상을 받았던 경험을 아직도 생
생히 기억하고 있다. 그래서 한번은 내가 다니는 치과의 셰릴 스콧 박
사에게 꼬마 손님들에게 슈퍼맨 의상을 선물해볼 것을 권유한 적도
있다.

보트 제조회사의 매니저들을 대상으로 고객 서비스에 관해 강연을
한 적이 있다. 이날 강연은 보트 제조 공장에 있는 대형 회의실에서
열렸다. 강연은 순조롭게 진행되었고, 참석한 간부들의 반응도 좋았
다. 강연이 끝난 뒤 부사장이 다가오더니, 내가 타고갈 비행기 시간을
물었다. 나는 출발 시간까지 세 시간 정도 여유가 있다고 대답했다.

그러자 부사장은 내게 세제를 팔 때 유리컵을 덤으로 끼워주는 것
을 본 적이 있느냐고 물었다. 나는 본 적이 있다고 말했다. 그는 내 말
을 듣고나서 "당신도 우리 회사에 무언가를 덤으로 주시면 어떨까요?
라며 부탁을 했다. "우리 공장의 직원들은 그와 같은 좋은 강연을 한
번도 들어본 적이 없습니다. 30분 정도만 시간을 내어 강연을 해주실
수 있다면, 지금 당장 공장 가동을 중단하고 자리를 마련하겠습니다.
당신의 강연이 기대했던 것 이상으로 인상적이었기 때문에 계획에도
없던 이런 제안을 드리는 겁니다."

나는 부사장의 제안을 흔쾌히 받아들였고, 공장 직원들과도 뜻깊은
시간을 보냈다. 그날 나는 보트를 제조하는 그 회사와 감성적으로 연
결되었고, 그 일을 계기로 그들과의 관계는 지금도 계속되고 있다. 그
당시 나는 그 사람들과 연결되기를 원했을 뿐만 아니라, 그들 역시 나
에게 계획에 없던 강연을 요청하면서 나와 연결되고자 했다는 점이

다. 그리고 이런 식으로 맺어진 관계에서는 도움을 받는 쪽뿐만 아니라 도움을 주는 쪽도 많은 것을 얻을 수 있다. 그 일이 있은 후로 나는 항상 '세제를 팔면서 유리컵을 끼워줄' 방법을 찾고 있다.

한번은 세계여성경영인회의(Executive Women International)에서 주최하는 행사에 연사로 초대된 적이 있었다. 그 행사가 있기 3일 전인 2001년 9월 11일에 미국의 세계무역센터, 펜타곤, 그리고 펜실베이니아에서 끔찍한 테러 사태가 벌어졌다. 그 비극적인 사건에도 불구하고 회의는 예정대로 개최되었다. 그것은 회의의 힘을 보여준 용기 있는 행동이었다. 그 당시에 모든 항공사가 비행기 운항을 일시 중단한 상태였기 때문에 회의 참석자들은 미국 전역에서 자동차를 타고 테네시 주 내슈빌에 있는 오프리랜드(Opryland) 호텔까지 자동차를 타고 와야 했다는 점에서 더욱 그랬다.

나는 기조 연설과 오후 시간에 브랜드를 주제로 한 두 건의 강연이 예정되어 있었다. 기조 연설을 마친 다음 나는 행사를 주최한 관계자들과 이야기를 나누고 있었다. 그러다가 나는 그들에게 무슨 문제가 발생했다는 것을 눈치챘다. 무슨 일인지 물어보니, 오찬 연설을 하기로 약속된 사람이 연락도 없이 나타나지 않는다는 거였다. 며칠 전에 발생한 비극적인 사건 때문이거나 강연자가 차를 몰고 오기가 힘든 상황에 처해 있을 수도 있었다. 어쩌면 주최 측에 전화를 걸어 사정을 설명하는 것을 깜박 잊었는지도 몰랐다.

"너무 염려하지 마세요, 필요하다면 제가 대신할 수도 있을 겁니다. 저는 이미 기조 연설도 끝냈고, 오후에 두 건의 강연이 잡혀 있긴 하지만 오찬 강연을 대신 맡는 데는 문제가 없으니까요. 물론 별도의 비용은 받지 않겠습니다. 참석자 분들도 며칠 전 사건 때문에 계획에 차질이 생겼다는 걸 이해할 겁니다.” 그제서야 사람들은 깊은 안도의 한숨을 내쉬었다. 나는 오찬 강연에서도 열광적인 호응을 받았고, 주최 측과도 감성적으로 단단히 연결되었다.

나의 이런 행동은 과연 현명한 것이었을까? 나는 그렇다고 생각한다. 더 중요한 사실은, 그것이 올바른 행동이었다는 점이다. 그날의 행사에서 내가 보여준 행동은 단순한 거래의 차원을 뛰어넘은 것이다. 즉 곤경에 처한 주최 측의 입장에서는 누군가의 도움이 절실히 필요했고, 내 입장에서는 별다른 어려움 없이 그들에게 도움을 줄 수 있었으니 말이다. 내 친구인 짐 캐스카트는, 사업은 ‘우정어린 행동’이어야 한다고 했는데, 바로 이런 경우를 두고 한 말인 듯하다.

07
변화하는 고객의 기대를 뛰어넘어라

고객의 기대

아무리 상상하기 어려운 혁신도 내일이면 당연한 것으로 여겨지는 세상이다. 몇 년 전까지만 해도 호텔의 객실마다 다리미를 비치한다는 생각은 누구도 하지 못했다. 하지만 지금은 그와 같은 일들이 너무도 당연하게 여겨지고 있다. 비행기 좌석에는 노트북용 전원이 부착되어 있고, 커피숍에서도 인터넷을 이용할 수 있다. 주유소에서는 거의 모든 신용카드를 취급한다. 이러한 모든 일들은 기존의 관행을 깨는 기발한 발상에서 비롯되었고, 그것은 점차 당연하게 받아들여지고 있다. 그만큼 고객의 기대는 하루가 다르게 높아져가고, 그 변화 속도도 점차 빨라지고 있는 것이다.

오늘날 우리는 새로운 시장 현실을 마주하고 있다. '고객은 항상 옳다'라는 낡은 문구를 들먹이는 것만으로는 고객이 모든 규칙을 정하고 주도권을 행사하는 지금의 현실을 정확히 표현한다고 볼 수 없다. 이러한 시장 현실에 어떻게 대처할 것인가가 오늘날 기업들이 당면한 가장 어려운 과제이다. 독보적 기업들은 이 같은 변화된 현실을 받아들이면서 새로운 기회를 창출하고 있다.

누가 칼자루를 쥐고 있는가?

예전의 고객은 자신의 주제를 알고서 상인이 내놓는 제품을 군말 없이 샀다. 그런데도 그들은 불평 한마디 하지 않고 그러저럭 만족하며 살아왔다. 하지만 이제는 세상이 완전히 바뀌었다!

「네트워크(Network)」라는 영화를 본 적이 있는가? 주인공인 하워드 빌(Howard Beale)은 존경받는 뉴스 앵커이다. 어느 날 그는 도저히 견딜 수 없어, 냉소적이고 불만에 가득 찬 시청자들을 대신해 미친 사람처럼 고래고래 고함을 질러댄다. 텔레비전으로 그 장면을 지켜보던 수많은 시청자들도 갑자기 자리를 박차고 창가로 달려가 "난 미쳤어! 더 이상 못 참겠다구!"라고 소리친다.

창가에 기대어 서서 무슨 소리가 들리는지 귀 기울여보라. 고함 소리가 들리는가? 그것은 바로 여러분의 고객이 내지르는 고함 소리다. 지금 당신의 고객만이 아니라 모든 기업의 고객들이 큰 소리로 외치고 있다. 그들은 단순히 고함을 지르는 데서 그치는 게 아니라 여러분

의 곁을 떠나고 있다. 따라서 그들이 원하는 것을 제때에 주지 않으면
당신의 기업은 그것으로 끝이다. 당신의 기업은 죽은 거나 마찬가지
라는 말이다.

과거에 규칙을 정하는 쪽은 판매상이나 도매업자, 제조업체 같은
물건을 판매하는 사람들이었다. 하지만 지금은 그렇지가 않다. 경제
상황이 바뀌고, 규제가 완화되고, 신기술이 등장하면서 힘의 균형에
변화가 생겼다. 이제는 고객이 모든 것을 결정하는 시대가 온 것이다.
오늘날 고객은 전에 없던 막강한 힘을 갖게 되었고, 이제 그 힘을 마
음껏 휘두르고 있다. 지금 칼자루를 쥐고 있는 쪽은 고객이다.

까다로운 고객

여러분이 고객의 입장에서 다음 질문들에 답해보라.

1. 5년 전과 비교해서 더 까다로운 고객이 되었는가?
2. 5년 전과 비교해서 더 많은 정보를 알고 있으며, 꼼꼼히 따져본
   다음에 물건을 구매하는가?
3. 문제가 생기면 바로 그 자리에서 불만을 제기하는가?
4. 더 나은 서비스를 더 자주 요구하는가?
5. 서비스가 만족스럽지 않을 경우, 단호하게 거래를 끊고 다른 거
   래처로 발길을 돌리는가?
6. 해당 기업에 편지나 전화, e-메일로 불만사항을 항의하는 횟수가

늘었는가?

7. 특정 기업에 대한 불만을 다른 사람들에게 자주 이야기하는가?

8. 불만사항을 해결하기 위해 거래처를 종종 찾아가는 편인가?

9. 지출한 비용에 대해 예전보다 더 많은 가치를 요구하는가?

10. 거래 상대를 선택할 권한이 고객인 자신에게 있다고 생각하는
가?

아마도 여러분 대다수가 상대하기가 매우 까다로운 고객층에 속할 것이다. 그리고 실제로 여러분의 고객들도 예전에 비해 훨씬 더 까다로워졌을 것이다.

요즘 고객들은 특정 기업에 대해 불만이 쌓이면 그 기업과는 더 이상 거래를 계속하려고 하지 않는다. 이러한 새로운 현실에 직면한 기업들은 사실 엄청난 두려움에 떨고 있다. 고객이 자신들을 등지고 경쟁사로 발길을 돌린다는 것은 기업 입장에서는 생각하기조차 싫은 악몽이기 때문이다.

하지만 '온리원(Only One)'의 위치에 올라서 있는 영리한 기업들은 시장의 바람이 어느 쪽으로 부느냐에 관계없이 기회를 창출해내는 능력이 있다. 즉 그들은 시장에 나가 "자, 패를 돌립시다. 우린 준비가 다 됐소"라고 당당하게 큰소리칠 수 있는 것이다.

오늘날 기업이 성공하기 위해서는 문을 활짝 열어놓고 고객에게 열쇠를 맡겨야 한다. 그런 다음 이렇게 말해보라. "고객님, 고객님이 바로 우리의 주인이십니다. 원하는 것을 말씀하시면 즉시 대령하겠습니다."

품질, 시장 진입의 기본 요소

분명히 기억해두어야 할 사항이 있다. 새로운 시장 현실에서 품질은 더 이상 핵심 요소가 아니다. 가치의 구성 요소로서 품질은 기본 사항일 뿐이며 더 이상 경쟁 요소가 될 수 없다. 품질이 이제는 당연한 것으로 여겨지는 것이다. 대부분의 기업들은 품질 좋은 제품과 서비스를 갖추고 있다. 그렇지 못하다면 시장에서 오래 버티지 못할 것이다.

최근에 나는 시카고의 맥코믹 컨벤션 센터(McCormick Convention Center)에서 열린 한 자동차 회사의 판매전략 회의석상에서 연설을 한 적이 있다. 조만간 시카고 자동차 박람회가 개최될 예정이었기 때문에 회의 주제는 자연스럽게 고객이 기대하는 바가 무엇이고, 어떤 방식으로 판매할 것인지에 관한 내용으로 집약되었다. 나는 참석자들에게 요즘의 자동차 박람회는 과거와는 확연히 다르다는 점을 이해하는 것이 무엇보다도 중요하다고 강조했다.

과거에는 자동차 박람회장에 온 사람들이 진열된 자동차들 사이를 거닐며 이런 이야기를 주고받았다.

"우와, 너무 형편없는 차들 뿐이잖아."

"이 차도 아니고, 저 차도 영 아니고……."

"어, 저기 괜찮은 차가 한 대 있는걸……."

"하지만 이쪽에 있는 차들을 좀 보라고, 하나같이 형편없어."

그 당시만 해도 품질이 뛰어난 자동차는 10대 중에 한 대꼴이었다. 그렇다면 오늘날 자동차 박람회장에 온 사람들은 무슨 이야기를 주고받을까? "우와, 이 차들 좀 봐! 뷰익, BMW, 포드, 닛산, 체비, 캐딜락, 혼다, 현대…… 하나같이 그럴듯한 차들 뿐인걸!"

요즘은 어느 자동차 회사나 품질이 좋은 자동차를 생산한다. 이것은 시장에 진입하기 위한 입장료라고 볼 수 있다. 자동차의 품질 수준이 회사마다 비슷비슷해지면서 자동차의 업계는 이전과는 많은 변화를 보이기 시작했다.

내가 처음으로 운전면허증을 취득했던 1960년대 당시만 해도 새 차를 사면 반드시 거쳐야 하는 통과의례가 있었다. 일단 차를 구입해서 며칠간 시운전을 해본 다음, 어디가 문제가 있고 어디를 수리해야 하는지를 판매상에게 일일이 알려주는 일이 그것이다. 새 차에는 당연히 이런저런 결함들이 따르게 마련이라고 생각했기 때문에 아무도 그것을 문제 삼지는 않았다.

그렇다면 오늘날에는 어떤가? 새 차를 구입한 지 일주일도 채 지나지 않았는데 사소한 결함들이 발견되었을 경우, 차 주인은 당장 차를 몰고 대리점으로 돌진해 들어갈 것이다. 이제 품질은 자동차라면 당연히 갖추어야 할 요소가 된 것이다.

총체적인 고객 경험

업계의 많은 사람들은 소비자가 단순히 제품만 구매하는 것이 아니라는 사실을 좀처럼 깨닫지 못하고 있다. 언젠가 여행사 매니저들과의 모임에서, 물건을 사면서 감명을 받았던 경험이 있는지 물어본 적이 있다. 그때 매니저 한 명이 어느 자전거 매장에서의 인상적인 경험담을 들려주었다.

그 매니저는 자전거 타는 재미에 푹 빠져서 4천 달러나 들여 고가의 자전거 한 대를 샀다고 한다. 자전거를 살 때 무슨 일이 있었는지 묻자, 그는 자기만큼 자전거를 좋아하는 사람을 본 적이 없는데 그 매장의 판매원만은 예외였다고 말했다. 그가 자전거를 구입한 후에도 판매원은 자전거에 이상이 없는지 확인하기 위해 종종 전화를 하기도 하고, 자전거 경주에서 좋은 성적을 거두었는지도 물어보더라는 것이다. 그러면서 그는 이렇게 덧붙였다. "그 판매원과의 거래 경험은 단순히 자전거에 관한 것만이 아니었어요. 그것은 자전거를 소유한 사람으로서 느낄 수 있는 아주 색다른 경험이었죠."

완벽한 서비스

나는 자동차 대리점에서 앞에서 예로 든 매니저와 유사한 경험을 했다. 주행 거리가 5천 마일이 넘으면 정기적으로 오일을 교환해주는 조건으로 나는 서러브레드 자동차(Thorobred Motocars) 대리점에서 새 차를 샀다. 그런데 처음으로 오일을 교환하려고 했을 때, 백미러 조절 손잡이가 떨어져 나가고, 차의 옆면에 가늘고 기다란 흠집이 나 있는 것을 발견했다.

　나는 비행기로 출장을 갈 예정이었기 때문에 며칠 동안 차 수리를 맡겨도 괜찮을 것 같았다. 그래서 미리 예약도 하지 않은 채 출근길에 차를 몰고 서비스 센터를 찾아갔다. 서비스 센터의 매니저가 내 차로 다가왔을 때, 나는 시간이 걸려도 상관없으니 잘 좀 수리해달라고 말했다. 그런데 그는 "지금 즉시 수리해드리겠습니다" 하고 말하는 게 아닌가. 매니저는 오일 교환, 백미러 조절 손잡이의 파손, 차의 흠집 사항을 기록하고 나서, 나를 사무실까지 데려다줄 차량을 가리켰다. 그러자 서비스 센터의 운전기사가 다가와 내게 인사를 건네고는 내 사무실 앞까지 태워다주었다.

　그로부터 두 시간쯤 지났을 때 서비스 센터의 매니저로부터 전화가 걸려왔다. "손님, 수리가 다 끝났습니다. 언제 모시러 가면 될까요?" 나는 도무지 믿어지지가 않아서, 정말로 흠집을 포함해서 차 수리가 완전히 끝났는지를 재차 확인했다. 그는 그렇다고 대답했다. "모든 게 완벽하다면 지금 당장 나를 데리러 와요"라고 내가 말했다. 전화를 끊고 10분쯤 지나자 나를 태워 갈 서비스 센터의 차량이 도착했다.

　매니저는 나를 반갑게 맞으며, 수리는 잘 되었고 곧 내 차를 가져올 것이라고 말했다. 나는 고맙다는 인사를 한 다음, 백미러 조절 손잡이와 흠집 제거에 든 비용이 얼마인지 물었다. 그때 매니저가 이렇게 말했다. "손님, 수리비는 전부 무료입니다. 도와드리게 되어 저희도 정말 기쁩니다." 그때 기사가 내 차를 가져왔고, 서비스 센터를 찾아줘서 고맙다는 말과 함께 좋은 하루가 되길 바란다는 말도 잊지 않았다.

　말 그대로 서러브레드 자동차가 제품을 뛰어넘고, 평범함을 초월하는 순간이었다.

나는 여러 자동차 업체들과 일을 하고 있다. 그래서 업계 현황을 파악하기 위해 기회가 있을 때마다 다양한 종류의 자동차들을 직접 운전해보곤 한다. 완벽하게 수리된 차를 몰고 사무실로 돌아오면서, 나는 다른 자동차 판매업체에서 조금 전과 같은 경험을 하기는 어려울 거라는 생각을 했다. 내 마음을 사로잡은 것은 자동차라는 제품 자체가 아니라, 거래 과정에서 겪은 총체적 경험이었다. 과거에 고객들은 자신이 원하는 자동차를 판매하는 대리점을 찾아갔다. 이제는 어느 자동차나 성능이 비슷하기 때문에, 자신이 원하는 대리점과 거래하기 위해 그곳에서 판매하는 특정 차를 구입하고 있다.

시장에는 자전거, 기타, 자동차, 커피와 같이 어디서나 손쉽게 구입할 수 있는 상품들이 널려 있다. 그리고 그런 제품을 판매하는 회사들은 기껏해야 가격으로 경쟁할 수 있을 뿐이다. 가격으로 경쟁하는 경우, 언제든지 더 낮은 가격을 제시하는 경쟁업체가 나타나기 마련이다. 그러나 고객의 경험에 초점을 맞춘다면, 경쟁사가 쉽게 따라할 수 없는 차별화 요소를 갖출 수 있다.

컴퓨터, 텔레비전, 오디오 등 매장에서 구입할 수 있는 거의 모든 제품들도 마찬가지다. 텔레비전이나 오디오를 사면서 품질 보증기한을 연장하기 위해 추가비용을 지불하는 것만큼 어리석은 거래는 없다. 제품의 품질은 하루가 다르게 좋아져서 몇 년이 지난 뒤에도 아무 이상이 없을 것이기 때문이다.

불과 몇 년 전의 광고와 지금의 광고가 어떻게 다른지 살펴보자. 휘발유를 예로 들면, 몇 년 전까지만 해도 거의 모든 광고에서 휘발유의 품질을 강조했다. 즉 정유사마다 특수한 첨가제와 뛰어난 연비, 가속

능력의 우수성을 앞다투어 내세웠다. 하지만 이제 휘발유의 품질은 별다른 차이가 나지 않는다. 정유회사들은 그 사실을 알고 있고, 고객들이 그 사실을 안다는 것 또한 알고 있다. 이제 그들은 고객이 진정으로 관심을 갖는 것에 초점을 맞추고 있다. 휘발유의 품질이 아니라 휘발유를 구입할 때의 구매 경험이 그것이다. 다시 말해, 고객에게 얼마나 친절하고 감동적인 서비스를 제공하는가가 경쟁력을 결정짓는 중요한 요소가 된 것이다.

그렇다면 가격은 어떤가? 사업의 승패는 전적으로 가격에 의해 결정된다고 생각하는 사람들이 많다. 그러나 강연에 참석한 청중들에게 왜 어떤 기업과 거래를 중단하고 다른 기업으로 옮겼는지 이유를 물었을 때, 가격 때문이라고 대답한 사람은 그리 많지 않았다. 단지 품질 때문에 거래를 중단한 경우보다는 조금 더 많았을 뿐이다.

한편, 좋지 않은 개인적 경험 때문에 거래를 중단했다고 대답한 사람의 수는 압도적으로 많았다. 즉, 업체가 고객인 그들을 대하는 방식이 문제가 되었던 것이다. 그렇다고 가격이 중요하지 않다는 말은 결코 아니다. 오늘날의 시장에서 가격은 여전히 중요한 경쟁 요소지만, 그 중요성이 더 커지지는 않았다. 가격은 고객이 요구하는 '가치'의 일부일 뿐이다. 가치를 결정하는 것에는 가격 외에도 품질, 편리성, 서비스, 구매 경험과 같은 여러 요소들이 있다.

오늘날에는 시장에서 경쟁하기 위해 반드시 최저 가격을 제시할 필요는 없다. 중요한 것은 가격이 아니라 가치이다. 그리고 그 가치를 높이기 위해서는 고객의 총체적 구매 경험에 초점을 맞추어야 한다. 물론 품질이나 가격을 완전히 도외시해서는 안 된다. 가격과 품질 경쟁력은 일정 수준 이상이 되어야 한다. 하지만 이보다 더 중요한 사실은, 고객이 구매 과정에서 느끼는 서비스 경험이 가장 중요한 경쟁 요소라는 점이다.

과거에 비해 서비스가 좋아졌을까?

내가 청중들에게 자주 던지는 질문이 있다. "여러분들이 생각하기에 고객 서비스가 예전에 비해 더 좋아졌습니까, 아니면 더 나빠졌습니까?" 이에 대한 대답은 의견이 반반으로 나뉠 때도 있고, 어느 한쪽으로 쏠릴 때도 있다. 의견이 한쪽으로 쏠리는 경우, 대개는 서비스가 나빠졌다는 쪽이다.

내 질문은 계속 이어진다. "고객 서비스에 대한 현재 자신의 기대치는 과거와 비교해서 어느 정도인가요?" 이 질문은 대개 만장일치로 의견이 모아진다. 모든 사람들은 자신들이 요구하는 서비스 수준이 과거보다 높아졌다는 데 동의하는 것이다. 이처럼 오늘날 고객이 기업에게 요구하는 기대치는 아주 높아졌다. 따라서 '고객의 높아진 기대치를 어떻게 충족시킬 수 있을 것인가?' 가 기업의 가장 중요한 현안으로 떠올랐다.

고객 서비스가 예전보다 못하다는 대답에 대해서는 어떻게 생각하는가? 여러분 대부분은 이러한 평가에 동의할 것이다. 좀더 자세히 따져보자. 고객 서비스가 좋았던 과거의 시절이 그리운가? 서비스가 훌륭했고 사람들이 만족스런 표정으로 상점가를 걸어다니던 몇 해 전의 황금기로 돌아가보자.

한번 구입한 물건을 반품할 때 어떤 절차를 거쳐야만 했는가? 어떻게 해서든지 제품의 결함을 입증해야 했고, 복잡한 양식을 작성해야 했다. 그러는 과정에서 담당 직원과의 한바탕 소란은 다반사였다. 카탈로그를 보고 제품을 주문한 경우는 상황이 더욱 난감했다. 고객은 자신의 비용으로 물건을 반품시켜야 했고, 환불을 받기까지는 꽤 오랜 시간이 걸렸다.

요즘의 상황은 어떤가? 최근에 나는 인터넷 쇼핑몰에서 구입한 DVD 플레이어를 반품시킨 적이 있다. 제품을 구입한 웹사이트에 들어가서 로그인을 하자 내 개인 정보 페이지가 떴다. 거기에는 지난 한 달 동안 내가 주문한 상품 목록이 정리되어 있었는데, 그 중에서 DVD 플레이어를 클릭했다. 그러자 이미 구입한 DVD 플레이어를 반품할 것인지를 묻는 페이지가 떴고, 반품 사유 중에서 하나를 선택하도록 했다.

얼마나 깔끔하고 근사한가. 내가 마지막으로 반품 확인을 클릭하자 또 다른 페이지가 떴고, 나는 프린터로 그 내용을 출력했다. 출력 용지에는 제품 반송처의 주소와 우표까지 인쇄되어 있었다. 우표를 사러 일부러 우체국에 갈 필요도 없었다. 이처럼 요즘은 이미 구입한 물건을 편리하게 반품할 수 있다.

어쩌면 세상이 너무 살기 좋게 변했기 때문인지도 모른다. 오늘날 기업들이 제공하는 서비스를 곰곰이 따져보면 '과거의 좋았던 시절'보다 기술, 정책, 절차 등이 모두 획기적으로 개선되었다는 점을 결코 부인할 수 없다.

194

그러나 고객과의 거래에서 중요한 한 가지 사실은, 기업에서 제공하는 서비스가 예전에 비해 나아졌다는 점이 아니라 고객이 여전히 만족하지 않는다는 점이다! 고객은 더 많은 것을 원한다. 서비스 수준은 많이 향상되었지만, 서비스에 대한 고객의 기대치는 더욱더 높아졌다. 기업은 이러한 상황에 어떻게 대처해야 할까? 해답은, 그것을 오히려 기회로 인식해야 한다는 것이다.

현재 자신의 사업을 잘 운영하고 있는가? 그렇다면 고객이 끊임없이 더 많은 것을 요구한다는 사실에 감사해야 한다. 서비스에 대한 고객의 기대치가 높아질수록 거기에 부응하지 못하는 경쟁사를 따돌리고 자신만의 영역을 구축할 수 있기 때문이다. 이를테면 고객은 여러분에게 경쟁사를 물리칠 수 있는 기회를 주는 셈이다.

누가 규칙을 정하는가?

고객이 규칙을 정한다. 그것이 현실이다. 많은 기업들이 이 새로운 현실에 적응하지 못하고 있다. 고객은 게임의 주체이고, 그들이 정한 법칙을 따르지 않는 기업은 게임에 참가할 수 없다. 고객은 그들을 몰아낼 것이다.

자동차 업계의 경우를 다시 살펴보자. 대부분의 사람들이 차를 사는 과정에서 불편함을 느낀다는 조사 결과를 흔히 볼 수 있다. 새 차를 갖고 싶어하는 사람은 많다. 반면, 차를 구입하는 과정은 대개 싫어한다. 그 이유는 자동차를 한 대라도 더 팔기 위해 온갖 편법을 동원하고, 속이 뻔히 들여다보이는 말만 늘어놓는 자동차 판매원들 때문이다. 그런 경우, 사람들은 세일즈맨들에게 속는 듯한 기분이 들거나 자신에게 아무런 통제권이 없다는 무력감을 느낀다.

그런데 게임의 규칙을 바꿀 만한 몇 가지 변화들이 생겼다. 자동차 회사 대부분이 성능 좋은 제품의 차를 만들면서, 경쟁의 초점이 구매 과정에서의 만족과 자동차 소유라는 총체적 경험으로 옮아간 것이다. 일부 기업과 세일즈맨들은 그 사실을 알아챘다.

나의 아내는 지금 몰고 다니는 차를 팔고 중고 SUV로 바꾸고 싶어 했다. 우리 부부가 중고차 판매점에서 처음으로 만난 직원은 두번 다시 만나고 싶지 않은 부류의 세일즈맨이었다. 그 세일즈맨은 자신이 지금 하고 있는 일에 얼마나 부적합한지를 깨닫지 못하는 듯했다. 그는 손님을 앞에 놓고 각종 수치와 주행거리를 순식간에 읊어대더니, "얼마면 사실 겁니까?" 하고 다짜고짜 묻는 게 아닌가.

이때 아내의 입에서 나온 말은 "여보, 얼른 여기서 나가요"였다. 무능력한 그 세일즈맨은 자기 잘못이 무엇인지 끝내 모르는 듯한 태도를 보였다. 만일 내가 세일즈맨이라면 돈을 들여서라도 그 이유를 알아냈을 것이다. (그 중고차 대리점의 매니저도 함께 노력해야 할 것이다.) 오늘날 이런 부류의 세일즈맨들은 시장에서 따끔한 경고를 받고 있다.

아내와 나는 다른 중고차 대리점을 찾아가, SUV가 전시되어 있는 쪽으로 걸어갔다. 그때 세일즈맨 한 명이 천천히 우리 쪽으로 다가오더니 이렇게 말했다. "손님, 천천히 구경하십시오. 그리고 도움이 필요하시면 언제든지 저를 부르세요." 그 순간 나는 K&T 램프 매장에서 근무하는 마티라는 친구가 한 말이 떠올랐다. "못 본 체 무시하는 것과 가만히 내버려두는 것은 큰 차이가 있다네." 그 세일즈맨은 "마음에 드는 차를 발견했거나 의문 사항이 있으시면 제게 손짓만 하세요"라고 재차 말하며 자신의 자리로 돌아갔다.

어떻게 도와드릴까요?

진열된 중고 자동차 중에서 아내의 눈길을 끄는 차가 한 대 있었다. 우리가 세일즈맨에게 손을 흔들자 그가 다가와 물었다. "어느 분이 타실 겁니까?" "제가 탈 거예요." 아내가 말했다. "그럼 어떻게 도와드릴까요? 무슨 뜻이냐 하면, 제가 도와드릴 수 있는 방법이 여러 가지거든요. 중요한 사항들을 일일이 설명해드릴 수도 있고, 손님의 질문에만 답변해드릴 수도 있습니다. 바로 운전을 해보고 싶으시다면 키를 갖다드리겠습니다. 제가 함께 타도 좋고, 남편 분과 함께 타셔도 됩니다." "남편과 함께 타보고 싶어요." 아내가 말했다. "좋습니다. 그럼 타보신 후에 결정하시죠. 잠시만 기다리세요, 키를 가져오겠습니다."

차를 몰고 주차장을 벗어났을 때쯤 아내는 내 쪽으로 고개를 돌리며 말했다. "저 사람은 차를 팔 생각이 있는 건지 통 모르겠군요. 어쨌든 난 저 사람이 마음에 들어요." 그 중고차 세일즈맨은 차를 사고자 하는 아내가 직접 규칙을 정하도록 했다. 그리고 마침내 아내는 그 차를 샀다.

그로부터 얼마 뒤에 나는 멕시코 칸쿤(Cancun)에서 열린 자동차 중개상 모임에서 강연을 하게 되었다. 나는 그 강연에서 아내와 차를 사러 갔던 경험담을 들려주었다. 그리고 세일즈맨들이 변화된 시장에서 성공하려면 고객에게 구매를 강요해서는 안 되며, 구매 과정에서 고객이 주도권을 갖게 해야 한다고 강조했다.

내가 그 말을 했을 때 회의장 안은 한동안 침묵이 흘렀다. 그들은 내 말뜻을 이해하지 못하는 것 같았다. 제품 구매 과정에서 고객이 주도권을 갖게 하라고? 그들에게 내 말은 마치 낯선 외국어처럼 들렸던 모양이다. 예전에 그 많던 고객들이 왜 그들과 거래를 끊고, 정직하고 예의바른 다른 자동차 중개상을 찾아갔는지를 이해하지 못하는 그들에게 내 말은 어쩌면 무리였는지도 모른다.

고객의 기대를 뛰어넘기

여러 업체들과 일하다 보면 가끔씩 짜증이 날 때가 있다. '고객의 기대를 뛰어넘겠다'고 호언장담하는 기업들이 많기 때문이다. 그런 기업들에게 대단히 중요한 질문 하나를 던져보고 싶다. 고객의 기대가 얼마나 높은지 생각해본 적이 있는가? 오늘날 갖가지 요구사항을 들이대는 고객의 기대를 뛰어넘으려면, 아니 어느 정도 그 기대에 근접이라도 하려면, 옆으로 재주를 넘고 세 바퀴 공중제비를 돌아 활활 불타오르는 고리 속으로 뛰어들어야 할지도 모른다.

오해가 없기 바란다. 고객의 기대를 뛰어넘는 것이 기업의 가장 중요한 목표가 될 수 있다는 점에는 동의한다. 그런데 고객의 기대를 뛰어넘었다는 판단은 어디까지나 기업의 몫이 아니라는 점을 명심해야 한다. 그것은 고객의 몫이다.

'평생 고객'이 쉽게 만들어지지 않는다. 이것이 과거와 크게 달라진 점이다. 오늘날 고객들은 이런 생각을 한다. '꼭 그 회사의 제품만 살 이유가 어디 있어. 시장엔 비슷한 제품들이 얼마든지 있다구. 품질은 똑같으면서 값이 더 싸다면 다른 제품을 살거야.' 이 같은 고객의 생각은 옳다.

과거에 기업들은 별다른 노력 없이도 고객을 붙잡아둘 수 있었다. 하지만 이제는 상황이 달라졌다. 탈규제와 소비자들의 태도 변화로 인해 시장에서 경쟁이 더욱 치열해졌기 때문이다. 특히 소비자들이 자신들의 위치와 힘을 인식하게 되면서 기업들 간의 경쟁이 더욱 가속화되고 있다.

누구에게 결정권이 있는가?

은행에 관한 이야기를 해보자. 그에 앞서 다음 질문들에 대해 생각해보라. 여러분의 부모님은 젊었을 때부터 줄곧 한 은행과 거래를 해오셨는가? 대부분의 사람들은 그렇다고 대답한다. 그것이 과거의 방식이었다. 예금을 하고 대출을 받으며, 줄곧 한 은행과 거래해 왔을 것이다. 부모님이 은행에 가신다고 하면 어느 은행인지 새삼 물어볼 필요도 없다. 그냥 은행이다.

지금은 세상이 어떻게 변했는지 살펴보자. 여러분이 거래하는 은행은 한 군데 이상인가? 이번에도 대다수의 사람들은 그렇다고 대답한다. 여러 은행과 거래하는 것은 전혀 특이한 일이 아니다.

그러면 이제 정말로 중요한 질문을 해보겠다. 여러분은 특정 은행과 거래를 중단했던 경험이 있는가? 내가 이 질문을 던졌을 때, 강연 참석자 대부분이 킥킥대면서 손을 들었다. 그들은 거래 은행을 바꾼 것에 만족하고 있었다. 그 이유는, 바로 힘 때문이다. 그들에게는 힘이 있다. 그리고 그 힘을 즐길 줄 안다.

은행과 고객의 관계가 어떻게 바뀌었는지 살펴보자. 나의 아버지는 은행가였다. 나는 은행 주변에서 자랐고, 요즘도 은행과 거래를 많이 하고 있다. 20~30년 전 자동차 대출을 받으려고 은행을 찾았을 때, 규칙을 정하는 쪽은 누구였을까? 당연히 은행이었다. 양쪽 모두 그 사실을 알고 있었다.

당시에는 다음과 같은 장면이 펼쳐치곤 했다. 집 근처 은행을 찾아가 안면이 있는 은행원을 만난다. 그 은행원의 이름을 짐이라고 하자. 짐은 내게 호의적인 편이다. 그래도 은행은 은행이고, 고객은 고객이다. 그래서인지 나는 잔뜩 주눅이 들어 있다.

나는 짐에게 다가가 조심스럽게 말을 꺼낸다. "저, 대출에 대해 말씀드릴 게 있는데요…… 제 차가 많이 낡았거든요, 요즘 새로 나온 차 광고를 보니까 아주 좋더군요. 뭐, 굳이 새 차가 아니라도 좀더 좋은 차로 바꿨으면 해서요. 그래도 좀 괜찮은 차를 사려다 보니까…… 돈이 필요해서요. 대출이 가능할까요?" 내 말을 다 듣고 나서 짐은 친절한 목소리로 이렇게 말한다. "그럼, 먼저 이 신청서를 세 부씩 작성해주세요. 고객 대출위원회에 넘겨야 하거든요. 그리고 내일 오전에 회의가 열리니까, 회의가 끝난 뒤에 전화 드리죠."

다음날 나는 직장으로 걸려온 짐의 전화를 받는다. "조, 좋은 소식이에요. 빨리 은행으로 와요." 은행에 도착하자 짐은 이렇게 말한다. "조, 드디어 대출 승인이 났어요. 그런데 조건이 하나 있어요. 차 값의 25퍼센트를 먼저 지불하든가, 아니면 차를 담보로 맡겨야 해요. 어떻게 할래요?"

차를 사려면 어느 정도 가진 돈이 있어야 했다. 짐의 이야기는 계속된다. "조, 3년 만기 대출을 원한다고 했죠. 그렇게는 안 될 것 같아요. 우리는 2년 계약이 더 안전하다고 판단했어요. 이자는 원금의 30퍼센트고요." 이때쯤이면 내 입에서는 환호성이 터진다. "야호, 드디어 대출이 됐어! 은행이 나를 믿고 돈을 빌려주기로 했다고!" 그때는 그랬다. 은행 쪽에서 모든 것을 결정했다.

이제는 사정이 달라졌다

지금은 상황이 어떻게 변했는가? 나는 은행 문을 열고 들어가 짐의 책상으로 직행한다. 그리고 자리에 앉아 짐을 쳐다보며 주저 없이 이렇게 말한다. "짐, 어떤 자동차 대출 상품이 있는지 말해줘요. 이미 다른 은행 두어 곳에 알아봤고, 할부제에 대해서도 알고 있으니까 요점만 얘기해주세요." 짐은 친절하고 정중하게 설명한다. "괜찮은 대출 상품이 많이 있습니다. 다른 은행엔 갈 필요도 없어요. 간단한 신청서 한 장을 작성한 다음 서명해주시면 바로 결재를 올리겠습니다. 직장으로 돌아가 계시면 한 시간 내에 전화드리죠. 저희가 새 차를 구입하실 수 있도록 해드리겠습니다."

고객이 그 말을 듣고 어떤 반응을 보일까? "한 시간이나요? 뭘 하느라 시간이 그렇게 걸리죠? 이봐요, 짐. 난 바쁜 몸이에요. 점심시간 동안 잠시 짬을 낸 거라고요. 당장 새 차를 사서 그걸 타고 회사로 돌아갈 작정이었다고요! 지금 당장 내 거래 기록을 확인해보고 돈을 대출해주든지 말든지 하세요."

은행 문을 박차고 나선 고객은 차를 몰고 가면서 문득 어떤 생각이 떠오른다. 그리고는 이렇게 중얼거린다. "오늘 아침 출근길에 라디오에서 들은 광고가 뭐였더라? ACME 은행에 관한 거였는데……. 음, ACME 은행, '20분이면 OK!'. 그런데 뭐가 20분이면 된다는 거지? 아, 저기 마침 ACME 은행이 보이는군."

고객은 차를 멈추고 은행 안으로 들어가 이렇게 묻는다. "라디오에서 '20분이면 OK!' 라는 광고를 들었는데, 그게 뭐에 관한 건가요?" 이때 ACME 은행의 직원은 뭐라고 대답했을까? "손님, 새 차를 사시려고요? 차 한잔 드시면서 잠시만 기다려주세요. 바로 대출해드리겠습니다!"

은행과 거래 끊기

그 고객이 어떻게 했을지 짐작이 가는가? 그는 짐의 은행과는 거래를 끊고 새로운 은행과 거래를 시작했다. 나는 강연에 모인 청중들에게 과거에는 은행과의 거래를 끊을 수 있었는지 물어보곤 한다. 청중들의 대답을 들으면서 나는 깜짝 놀랄 때가 많다. 왜냐하면 그들의 대답은 이전에 우리가 고객으로서의 자신의 역할을 어떻게 인식했는지 보여주기 때문이다. 청중들은 거의 한 목소리로 이렇게 말한다. "당시에는 은행과 거래를 끊는다는 건 생각할 수도 없었지요."

여러분도 그렇게 생각하는가? 아니, 여러분은 은행과의 거래를 끊을 수 있었다. 은행을 찾아가서 당당하게 "당신네들과는 더 이상 거래하지 않겠소"라고 통보할 수 있었다. 하지만 그 당시만 해도 우리에겐 자신이 단지 힘없는 고객일 뿐이라는 인식이 너무 깊이 뿌리박혀 있었다. 우리는 그 동안 스스로를 무력한 존재로 인식해 왔던 것이다. 그래서 은행의 불만족스런 서비스에도 불구하고 과감히 거래를 끊지 못했다.

하지만 이제는 상황이 달라졌다. 은행뿐만 아니라 어떤 업종이 됐든 마찬가지다. 과거에는 자신들에게 등을 돌릴 거라고는 상상도 못했던 고객들이 차갑게 돌아서고 있는 것이다. 이런 현상이 가장 뚜렷하게 드러나는 분야가 통신업종이다. 많은 사람들이 이동전화 회사를 바꾸고 있다. 지난 3년간 의사가 불친절하다는 이유로 병원을 바꾼 사람의 수도 급격히 증가했다. 적어도 의사라면 환자를 위해서 최선을 다해야 한다는 사실을 많은 사람들이 깨닫게 되었기 때문이다.

오늘날 기업은 고객이 바라는 것을, 고객이 원하는 방식으로, 고객이 원하는 순간에 제공할 수 있어야 한다. 그렇지 않으면 그들은 당장이라도 문을 박차고 떠날 것이다.

모든 업종을 벤치마킹하라

나는 나 자신이 업계에서 특별하다고 생각한다. 기업들도 스스로를 특별하다고 여길 것이다. 그렇다면 소비자의 생각은 어떤가? 소비자들을 기업을 특별하다고 보지 않는다. 그들은 모든 기업을 똑같다고 생각한다. 그 생각이 옳건 그르건 간에, 소비자들은 원하는 제품을 어디서든지 살 수 있다고 생각한다. 이러한 현실을 이해하지 못하고 다른 기업과 자신을 진정으로 차별화하지 못하는 기업은 결국 고객을 잃게 될 가능성이 높다.

기업들은 벤치마킹하는 것을 좋아한다. 그들은 같은 업종의 경쟁사와 자신을 비교한다. 그리고는 경쟁사보다 뛰어나다고 생각되면 자신들에게 성공의 문이 활짝 열릴 것이라고 착각한다. 한 발 더 나아가, 자신들이 경쟁사보다 더 뛰어나기 때문에 고객들은 자신의 기업에 만족할 거라고 믿는다.

같은 업종의 기업을 벤치마킹하는 것은 좋은 일이다. 하지만 그것만으로는 충분하지 않다. 그 이상으로 벤치마킹을 해야 한다. 자신의 업종 밖에 있는 기업들까지 살펴보아야만 자신의 경쟁력을 정확히 알 수 있다.

누구라도 경쟁자가 될 수 있다

기업은 흔히 자신들과 업종이 같은 기업들만을 비교 상대로 생각하는 경향이 있다. 그런데 고객의 생각은 다르다. 고객들은 여러분의 기업을 소포를 정시에 배달하는 페덱스(Federal Express), 고객에게 감사 편지를 보내는 자동차 대리점, 고객의 이름을 기억하는 세탁소와 비교한다.

많은 기업들이 벤치마킹에 열을 올리고 있다. 동종 업계에서 최고가 되자. 그러면 성공할 것이다. 일이 그렇게 단순하다면 얼마나 좋을까! 하지만 고객들은 여러분의 기업을 자신이 거래하는 모든 업체와 끊임없이 비교한다.

직종에 상관없이 다른 모든 기업과 내가 비교된다는 사실을 처음 깨달은 것은 1983년의 일이었다. 당시 나는 유통 체인망을 운영하는 기업과 일하고 있었다. 하루는 사장이 직원들에게 연설하는 자리에서 자신의 신념을 다음과 같이 피력했다. "여러분도 잘 알고 있겠지만, 우리는 전등 스위치처럼 믿음직한 기업이 되어야 합니다. 우리는 동네 가게처럼 고객과 가까워져야 합니다. 우리가 제공하는 서비스는 어떤 업종의 기업보다도 뛰어나야 합니다. 우리는 고객에게 최고의 경험이 되어야 합니다."

고객이 어떤 회사로부터 최고의 서비스를 받았다면, 다른 회사에도 그와 같은 수준의 서비스를 바라게 될 것이다. 그 회사가 전혀 다른 업종에 속한다는 사실은 잊어버려라. 오늘날 고객들에게 그 사실은 전혀 중요하지 않다.

피자가게 종업원

오하이오 주 톨레도(Toledo)에서 열린 젊은 사장들의 모임(Young President' s Organization)에서 고객 서비스를 주제로 강연을 한 적이 있다. 이날 모임에서 제조업체 사장인 토니(Tony)는 참석자들에게 자신이 겪었던 최근의 경험담을 들려주었다. 그는 그때의 경험을 계기로, 자기 기업의 고객 서비스에 대해 다시 한번 돌아보게 되었다고 말했다.

이야기의 발단은 밤중에 피자가게에서 걸려온 한 통의 전화였다. 토니는 2주에 한 번씩 거의 거르지 않고 집 근처의 피자가게에서 피자를 배달시켜 먹곤 했다.

한번은 그가 한 달여 동안 출장을 다녀오느라 집을 비운 적이 있었다. 출장을 마치고 돌아온 다음날 밤, 피자가게에서 전화가 걸려왔다. "여보세요, 전에 피자를 배달해드렸던 밥(Bob)입니다. 여쭤볼 게 있어서 전화를 드렸습니다. 혹시 몇 주 전에 시켜드신 피자에 무슨 문제라도 있었나요?" 토니는 의아해 하며 종업원의 질문에 대답했다. "아무 문제도 없었는데…… 왜 그러시죠?" 그러자 밥이 말했다. "손님께서는 대개 2주에 한 번씩 피자를 주문하셨는데, 한 달이 넘도록 전화를 주지 않으셔서, 혹시 지난번에 드신 피자에 무슨 문제가 있었나 해서요. 손님께서 불만을 느끼셨다면 그 이유를 알아내서 해결해야 하니까요." 그제서야 상황을 눈치챈 토니는 이렇게 말했다. "피자에는 아무 문제도 없었어요. 그 동안 출장을 다녀와서 그런 겁니다." "네, 그렇다면 안심이군요. 출장은 잘 다녀오셨나요? 아무튼 감사드립니다. 피자가 생각나면 언제라도 전화 주십시오." 종업원은 이렇게 말했다.

토니는 전화를 끊고 나서 조금 전의 일에 대해 곰곰이 생각해보았다. 15분쯤 지나자 갑자기 피자가 먹고 싶어졌다. 그래서 전화를 걸어 피자 한 판을 주문했다. 이날 그는 피자가게 종업원으로보터 큰 교훈을 배웠다.

다음날 토니는 자기 회사의 주거래 은행에 전화를 걸었다. 전화를 받은 은행원은 "안녕하세요, 토니? 무엇을 도와드릴까요?" 하고 물었다. "난 어젯밤에 한 가지 중요한 사실을 깨달았소." "그게 뭔데요?" 은행원의 질문에 토니는 이렇게 말했다. "당신 은행보다 우리 동네 피자가게가 내가 하는 일에 더 관심을 갖고 있다는 사실 말이오." 그 은행원은 아무 말도 하지 못했다.

토니는 피자가게 종업원이 보여준 관심과 주의, 그리고 의사소통의 수준을 자신의 회사에서 고객과 협력업체를 대하는 표준으로 삼고 있다고 말했다.

새로운 시장 현실에서 기업은 자신의 사업과 무관한 분야에서 형성된 고객의 기대까지 충족시킬 수 있어야 한다. 고객은 여러분만이 아니라 다른 많은 업종의 기업들과도 거래를 하고 있다. 그리고 지금 이 순간에 여러분의 고객들 중 누군가는 지속적으로 서비스 수준을 높이고 있는 기업과 거래를 하고 있다. 그 고객이 여러분의 기업과 거래를 할 때 무슨 생각을 하겠는가?

모든 기업은 고객이 요구하는 새로운 수준의 기대를 충족시켜야 한다. 그렇지 않으면 고객의 불만을 초래하거나 고객을 잃는 대가를 치르게 될 것이다.

기업은 예전의 방식으로 자신을 바라보아서는 안 된다. 오늘날 고객은 기업이 스스로를 어떻게 생각하는지에 대해서는 관심이 없다. 기업은 고객의 눈으로 자신을 냉정하게 바라보아야 한다. 혼자서만 자부심을 느껴보았자 아무 소용이 없다. 중요한 것은 고객이 기업을 어떻게 생각하느냐이다.

고객은 여러분의 기업이 집 근처에 있는 피자가게 종업원처럼 자신을 만족시켜줄 수 있는지 알고 싶어한다. 따라서 누군가가 고객에게 높은 수준의 서비스를 제공하고 있다면, 그것이 바로 당신이 제공하는 서비스의 표준이 되어야 한다.

08
트랙터 서플라이의 사례

열광하는 팬

독보적 기업의 예를 들어달라는 요청을 받으면 나는 제일 먼저 트랙터 서플라이(Tractor Supply Company)를 떠올린다. 나는 트랙터 서플라이의 컨설턴트로 20년이 넘게 일을 해왔다. 그 동안 나와 함께 일한 유수의 기업들이 수백 곳이 넘지만 내게 트랙터 서플라이만큼 큰 감동을 준 회사는 없었다.

1938년 찰스 E. 슈미트(Charlese E. Schmidt Sr.)는 일리노이 주 시카고에 트랙터 부품을 우편 주문을 받아 판매하는 회사를 설립했다. 1939년 트랙터 서플라이는 노스다코타 주 미노트(Minot)에서 매장을 낼 만큼 커졌고, 오늘날 미국에서 가장 큰 소매 체인 중 하나가 되었다. 트랙터 서플라이는 농부, 목장주, 취미로 농사를 짓는 사람들, 교외에 집을 소유한 사람들을 고객으로 삼아 현재 미국 30개 주에 420곳의 점포를 운영하고 있다.

트랙터 서플라이를 성공한 기업이 아니라고 말할 근거는 없다. 이 기업은 꾸준히 성장해 왔으며, 연간 10억 달러가 훨씬 넘는 수입을 올리고 있다. 그들이 성공을 거둔 방식에 무한한 찬사를 보낸다. 트랙터 서플라이의 열렬한 팬으로서, 나는 그들이 '온리원(Only One)'이 되고 싶어하는 모든 기업의 모범이라고 생각한다.

어떤 기업이 독보적 기업인지의 여부를 판단하는 것은 결국 고객이다. 나는 트랙터 서플라이의 고객들이 보내 온 감사 편지를 모아 한 권의 책으로 만들 수도 있다. 트랙터 서플라이가 고객과 어떤 관계를 맺고 있는지 다음의 세 가지 작은 사례를 통해 살펴보자.

더 머물고 싶은 곳

아래의 글들은 고객들이 트랙터 서플라이에 보내 온 편지 중에서 일부를 발췌한 것이다.

저는 귀사의 매장을 서너 차례 방문했는데, 갈 때마다 늘 직원들이 편안하게 대해주더군요. 직원들은 항상 도움이 필요한지 물어봅니다. 제가 괜찮다고 하면 혼자 물건을 고르도록 내버려두지요. 어떤 물건이 필요하다고 말하면 성심껏 도와주고 조언도 해주더군요. 계산할 때도

너무 친절합니다. 그래서 그곳에 좀더 머물기 위해 물건을 더 사고 싶
어진답니다.

자동화와 디지털의 시대에 이렇듯 고객을 배려하는 아름다운 사람들
을 발견하는 것 자체가 제게는 큰 기쁨입니다. 트랙터 서플라이에 진심
으로 감사드립니다. 지금의 훌륭한 모습들을 계속 지켜나가시길 바랍
니다.

진심어린 고객만족을 표현하고 있다. 편지 속에 어떤 말들이 나오
는가? "적절한 제품을 찾았다"거나 "가격이 아주 저렴하다"라는 표현
은 보이지 않는다. 그런 것은 기본적인 요소에 속한다.

편지에서는 "고객을 배려하는 아름다운 사람들"이라는 표현을 쓰
고 있다.

"그곳에 좀더 머물기 위해 물건을 더 사고 싶어진답니다"라는 표현
은 어떤가? 고객이 매장에 더 머물고 싶어 다른 물건까지 일부러 사
고 싶어진다고 말한다는 부분은 확실히 느끼게 하는 바가 크다.

평범하지 않은 기업

트랙터 서플라이의 중요한 고객은 부업이나 취미로 농사를 짓는 사
람들이다. 이 고객들은 도심에 직장이 있으면서 외지에 작은 농장을
소유한 경우가 많다. 이들은 대개 두어 마리의 말이나 가축을 키우며

전원생활을 즐기는 부류이다. 이것이 트랙터 서플라이가 자리잡은 틈
새시장이다.

트랙터 서플라이는 월마트, 홈 데포(Home Depot) 같은 대형 매장
내에 점포를 냈다. 하지만 트랙터 서플라이는 자신만의 카테고리를
만들어냈다. 다른 어떤 매장도 트랙터 서플라이와 같은 상품 구색을
갖추고 있지 않다. 무엇보다 트랙터 서플라이와 같이 뛰어난 리더십
과 가치가 결합된 기업은 매우 드물다.

물론 상품 구색은 모방할 수 있다. 가격도 트랙터 서플라이와 같은
정도로 책정하거나 또는 더 싸게 팔 수 있다. 그렇지만 트랙터 서플라
이의 독특한 문화만큼은 어떤 기업도 흉내내기 어렵다.

전설적인 서비스

트랙터 서플라이의 기업 사명은 대단히 명확하고 단순하다. '열심
히 일하고, 즐겁게 생활하며, 전설적인 서비스와 뛰어난 제품을 매일
매일 저렴한 가격에 제공함으로써 이윤을 창출한다.' 사람은 누구나
열심히 일하고, 즐겁게 생활하고, 돈도 벌려고 한다. 당연한 말이다.
이해되지 않는 부분은 없다. 그런데 이 세 가지가 동시에 실행되지 않
는다면, 기업의 사명이 달성된 것이 아니다.

뛰어난 제품과 저렴한 가격은 경쟁의 기본 요소이다. 그런데 '전설
적인' 서비스는 대체 어떤 것일까? 이것은 수치로 나타내기 어렵고
해석도 다양할 수 있다. 그런데도 트랙터 서플라이는 주저 없이 '전

설적'이라는 단어를 사용했고, 그것은 전설적인 고객만족과 고객충
성도를 만들어낸 동력이 되었다. 트랙터 서플라이의 고객 중에는 단
지 그곳에 더 머물고 싶어서 다른 물건까지 사고 싶어진다는 사람이
있다는 사실을 기억하자. 기업 사명을 '전설적'이라고 하려면 그 정
도는 되어야 하지 않을까.

10가지 가치

트랙터 서플라이의 성공의 토대는 10가지 가치 안에 있다. 이 가치
들은 회사 어디에서나 볼 수 있고, 모든 직원이 호주머니에 항상 넣고
다니며 그것에 관해 이야기한다.

1. 윤리_ 스스로 '올바르게 행동'하고, 타인도 올바르고 정직하며 윤
   리적으로 행동하도록 격려한다.
2. 존중_ 개인적으로나 업무적으로 존중하는 마음을 갖고 다른 사람
   을 대한다.
3. 균형_ 직업적 성공과 개인적 성공 모두를 위해 시간을 잘 관리한
   다.
4. 승자의 태도_ 항상 '할 수 있다'는 태도를 갖는다. 긍정적이고 낙
   천적으로 생각한다. 우리는 승리자다!
5. 의사소통_ 정보를 공유한다. 질문하고, 경청하며, 사려깊게 말한
   다. 아이디어가 샘솟게 한다.

6. 발전_ 서로에게 배운다. 가르치고 조언을 해준다. 모두가 '주인
  공'이라는 분위기를 조성한다.

7. 팀워크_ 다양한 의견을 환영한다. 합의된 계획을 실행한다. 모두
  가 다 함께 더 많은 것을 성취한다.

8. 변화_ 변화를 수용하고 주도한다. 모든 일을 더 신속하고 효율적
  으로 처리한다.

9. 진취성_ 기회를 포착하고, 적절한 판단을 내린다. 현명하게 모험
  을 추구한다. 아이디어를 중시한다.

10. 책임감_ 자신의 책임을 숙지한다. 약속을 지킨다.

대부분의 기업들도 그들 나름의 좋은 가치를 지향하고 있다. 트랙
터 서플라이의 가치가 반드시 특별한 것은 아니다. 특별한 것은 그들
의 가치가 책상서랍 속에 처박혀 있다가 연례행사 때만 잠깐 읽혀지
고 마는 것이 아니라는 점이다. 트랙터 서플라이의 가치는 1년 365일
동안 모든 업무에서 규범으로 작동한다. 그리고 직원들은 항상 이 10
가지 가치에 관해 이야기를 주고받는다. 그 가치들이 직원들의 업무
수행에 미치는 영향은 어디서나 확인할 수 있다.

리더십의 핵심

조 스칼렛은 트랙터 서플라이의 최고경영자이다. 나는 지난 20년간
그가 해온 일들을 지켜보면서 리더십의 진정한 의미를 깨달을 수 있

었다. 리더십에 대한 정의 가운데 '리더는 직원들에게 자신이 누구인지를 줄기차게 각인시키는 사람이다' 라는 말을 나는 가장 좋아한다. 트랙터 서플라이의 모든 직원은 자신이 누구이고 무엇이 중요한지를 명확히 인식하고 있으며, 그것이 그들의 가장 큰 강점이다.

나는 조 스칼렛과 만나 리더십에 대한 그의 견해를 들었다.

캘러웨이 트랙터 서플라이가 다른 경쟁사와 다른 점은 뭐라고 생각하십니까?

스칼렛 수없이 많습니다. 그 가운데 중요한 것을 꼽으라면 우선 기업문화를 들 수 있어요. 우리는 실천하고 따라야 하는 '사명과 가치' 를 만들어냈습니다. 다른 회사들의 기업문화는 대부분 느슨하고 불분명하더군요. 하지만 우리 모두는 회사의 사명이 무엇인지 주저 없이 말할 수 있습니다. 항상 서로 이야기하기 때문이죠.

캘러웨이 '사명 선언의 생활화' 라는 말씀이신데, 어떻게 그것이 가능할 수 있었나요? 말하자면 다른 회사는 행사 때만 한두 번 꺼내서 읽고 마는데, 그것을 '생활화' 할 수 있었던 비결이 무엇입니까?

스칼렛 우리는 1년에 두 번 전체 직원모임을 갖습니다. 그때마다 저는 직원들에게 '열심히 일하고, 즐겁게 생활하고, 이윤을 벌어들이는 것' 에 관해 이야기합니다. 저는 한 번도 이것을 거른 적이 없어요. 제가 연단으로 나오면 직원들은 제가 무슨 이야기를 하려는지 알고 있지요.

해를 거듭할수록 더 많은 직원들이 더 빨리 그렇게 됩니다.
바로 얼마 전에 하계 모임이 있었습니다. 모임 마지막 날, 저
는 평소처럼 우리의 사명에 관해서 강연을 하려고 했죠. 그런
데 모임 첫날에 지역 본부장이 저와 똑같은 내용의 말을 했더
군요. 갈수록 더 많은 직원들이 회사의 사명을 자신의 것으로
받아들입니다. 회사의 사보도 마찬가지예요. 사보에 글을 쓸
때에도 어떤 식으로든지 사명을 언급합니다. 늘 사명에 대해
말하는 것 말고는 별다른 비결이 없어요.

모든 직원이 주인의식을 갖고 있습니다. 직원들은 너무 오
랫동안 그런 분위기에 익숙해져 있기 때문에 어느새 그것을
당연한 사실로 받아들이고 생활화한 겁니다.

매 분기마다 이곳 점포지원센터에서 회의가 열립니다. 우
리는 항상 회의를 시작하기 전에 신입 직원들을 소개하지요.
회의가 끝날 무렵, 저는 그 직원들에게 잠시 자리에 남아 있
으라고 합니다. 그리고 30분 동안 우리의 사명과 가치에 대해
이야기를 해줍니다. 이것이 제가 신입 직원들을 환영하는 방
식입니다.

점포의 경우, 직원을 새로 채용하면 사장인 짐 라이트(Jim
Wright)와 제가 회사의 사명과 가치에 관해 이야기하는 비디
오를 보여줍니다. 이 과정은 언제나 똑같지요. 반복하는 것
외에는 특별한 비결이 없다고 생각합니다. 어떤 회사는 사명
선언문을 사무실 벽에 붙여놓기만 하면 그만이죠. 그러나 우
리는 항상 이야기합니다. 그것은 그 자신의 생명력을 갖고 있

습니다.

캘러웨이 회사의 사명과 가치에 대해 항상 이야기하는 것이 리더십의 핵심이라는 말씀이시군요?

스칼렛 그렇습니다. 우리는 일관되게 그것을 실행하고 있습니다. 계속해서 같은 문제를 이야기하고, 거기에 초점을 맞추죠. 또한 열심히 일하고, 즐겁게 생활하고, 이윤을 창출하고, 고객을 배려해야 한다고 늘 강조합니다. 언제나 같은 이야기를 하기 때문에 한 방향으로 나아갈 수 있습니다. 리더십이란 바로 이런 거라고 생각해요.

한 가지 흥미로운 사실을 알려드릴까요? 경력 직원들을 채용할 때마다 그들이 공통적으로 하는 말이 있습니다. 우리의 사업과 틈새시장, 고객이 마음에 든다는 겁니다. 또 우리가 사업의 방향을 자주 바꾸지 않아서 좋다고도 합니다. 다른 기업들은 일시적인 유행을 좇느라 늘 바쁘지요. 하지만 우리는 유행을 좇지 않으며, 일관되게 똑같은 것을 추구하고 있습니다. 그들은 또한 우리가 강력한 가치를 갖고 있고 어떤 타협도 하지 않는다는 사실을 좋아합니다. 다른 기업에 있을 때, 그들은 종종 원칙에서 벗어나는 일들을 보았고 그로 인해 혼란을 느꼈습니다. 하지만 우리 회사에서는 모든 직원들이 윤리적으로 올바르게 행동해야 하며, 규칙에 위배되는 행동을 할 경우 회사를 떠나야 합니다.

매년 우리는 매니저 회의에서 다룰 주제에 관해 미리 논의를 합니다. 회의 계획을 세우는 사람들은 신이 나서 말하죠.

"그래요, 회의를 하려면 주제가 있어야 합니다!" 그때마다 저는 그들의 말에 동의는 하되, 매년 실질적인 주제는 같으니까 거기서 너무 벗어나진 말라고 하죠. 앞으로도 우리는 회사의 사명과 가치에 대해 계속해서 이야기할 것입니다.

기업의 사명과 가치

트랙터 서플라이의 최고경영자인 조 스칼렛이 직원들에게 보낸 편지에는 '자신이 누구인지 안다' 는 것이 리더십의 차원에서 어떤 의미인지가 잘 나타나 있다.

직원 여러분께

'미국 기업의 몰락' 이 오늘 아침 「USA 투데이」의 헤드라인입니다. 이 기사는 월드컴(WorldCom), 엔론(Enron), 라이트 에이드(Rite Aid)의 부정과 미국 기업인들의 비윤리적이고 정직하지 못한 행태에 관해 다루고 있습니다. 이번 사건은 분명 업계에 있는 우리 모두에게 먹구름을 드리울 것입니다.

저는 미국의 기업인들 가운데 정직하지 않고 비윤리적인 사람은 극히 일부라고 확신합니다. 욕심에 눈이 먼 몇몇 사람들 때문에 우리 모두에게 검은 그림자가 다가오는 것은 정말 유감스러운 일입니다. 저는 한 사람의 기업인으로서 무척 화가 납니다! 따라서 이런 범죄는 준엄하고 공정하게 처벌해야 한다고 봅니다.

218

트랙터 서플라이는 사명과 가치에 따라 움직이는 기업입니다. 우리의 제1가치는 윤리입니다. 우리는 올바른 일을 실행하고 다른 사람들도 정직하고 윤리적으로 행동하도록 격려합니다. 트랙터 서플라이는 항상 정도(正道)를 걷겠다는 약속을 여러분에게 드립니다. 우리는 항상 윤리에서 벗어나지 않는 의사결정을 내리기 위해 노력할 것입니다.

기업연금을 잘못 관리해 평생의 노고가 허사가 되어버린 사람들의 이야기는 참으로 가슴 아픕니다. 트랙터 서플라이는 직원 개개인이 각자의 기업연금을 어디에 투자할지 결정할 수 있도록 하며, 연금의 관리는 제삼자에게 맡길 것입니다. 시중 경기는 좋을 때도 있고 나쁠 때도 있지만, 트랙터 서플라이의 기업연금은 퇴직한 여러분의 든든한 재정적 기반이 되어줄 것입니다.

저는 우리 기업 최고의 가치가 윤리라는 점을 다시 한번 강조합니다. 우리는 올바른 일을 가르치고, 올바른 일을 실행하며, 가장 높은 수준의 윤리적 기준을 따를 것입니다.

불미스러운 사건이 있었지만, 미국의 기업인들은 세계 최고의 인재들입니다. 소수의 기업인들 때문에 다른 모든 기업인들에 대한 믿음을 저버리지 마시기 바랍니다.

2002년 6월 27일

조 스칼렛 드림

트랙터 서플라이에서 윤리가 얼마나 중요한지 물었을 때, 조 스칼렛은 이렇게 답변했다. "우리는 어떤 그릇된 행동도 용납하지 않습니다. 우리는 모든 직원이 항상 올바르고 정직하고 윤리적으로 행동하기를 기대합니다. 올바르지 않은 어떤 것도 결코 관용하지 않습니다. 저는 관리자 교육 시간에 이런 이야기를 합니다. 만약 윤리적인 부분에 의문이 있을 때는 즉각 일을 멈추고 부서장이나 인사부서 혹은 제게 직접 전화를 하라고 말합니다. 분별 없이 행동해서는 안 되며 윤리에 어긋나는 어떤 유혹에도 굴복해서는 안 됩니다. 정도를 벗어나면 우리와 함께 일할 수 없습니다."

어떤 일이라도 할 수 있다

트랙터 서플라이의 전설적인 고객 서비스와 전설적인 고객 충성도는 고객만족을 위해서라면 어떤 일이라도 할 수 있다는 그들의 정책에서 비롯되었다. 그리고 이러한 정책은 트랙터 서플라이의 직원 모두에게 적용되고 있다. 사보 『빅토리』의 첫 페이지를 펼치면 조 스칼렛이 직원들에게 보내는 다음과 같은 메시지가 나온다.

여러분에게는 권한이 있습니다. 항상 계산대 위에 걸려 있는 문구를 기억하세요.

고객만족을 위해서라면
모든 직원은
그 어떤 일이라도 할 권한이 있습니다!

위 글의 의미는 여러분이 어떤 상황에서도 고객을 위해 최선을 다하리라는 것을 믿는다는 뜻입니다. 여러분은 권한을 갖고 있습니다!

저는 고객들이 보내 온 편지를 일일이 읽어봅니다. 그리고 주인공들에게 그 편지를 전해줄 때마다 커다란 긍지를 느낍니다. 고객이 감사를 표하려고 일부러 매장에 들를 때, 나는 여러분이 정말 자랑스럽습니다.

고객들이 보내 온 편지의 대부분은 여러분을 칭찬하는 내용이지만, 간혹 그렇지 않은 편지들도 있습니다. 고객들이 흔히 지적하는 세 가지 사항을 적어보겠습니다.

- **제품 문제_** 고객의 니즈에 딱 맞는 제품이 없거나 제품에 결함이 있는 경우입니다. 여러분은 점포에서 발생하는 모든 제품 관련 문제를 해결할 수 있습니다. 문제에 직면한 고객을 발견하는 즉시, 정중한 태도로 "손님, 어떻게 도와드릴까요?"라고 이야기하십시오. 그런 다음 고객이 원하는 대로 하십시오. 그러면 모든 일이 잘 해결될 것입니다. 회사는 여러분을 믿습니다. 여러분에겐 문제가 발생했을 때 대처할 수 있는 권한이 있습니다. 여러분은 회사와 협력업체들로부터 모든 지원을 받을 수 있습니다.

- **계산 속도_** 우리는 '세 명도 많다'라는 단순한 정책을 갖고 있습니다. 계산대 앞에 고객이 세 명 이상 줄을 서서 기다릴 경우, 담당 직원은 신속한 처리를 위해 새 계산대를 열 수 있습니다. 우리 점포들은 비교적 규모가 작기 때문에 고객들이 점포 입구에 차를 대고 짧은 시간 내에 쇼핑을 마칠 수 있게 해야 합니다. 여러분에게는 고객

들이 신속히 계산을 마칠 수 있도록 필요한 조치를 취할 권한이 있습니다. 바로 이것이 우리 기업의 성공 공식입니다.

• 태도_ 직원이 불친절하다는 소리를 들을 때마다 저는 항상 불안해집니다. 이는 전적으로 여러분의 손에 달려 있습니다. 불친절한 태도를 보이는 것에는 어떤 변명도 있을 수 없습니다. 우리는 분명한 사명과 강력한 가치를 지니고 있습니다. 그리고 우리는 모든 직원이 긍정적인 태도를 갖기를 기대합니다. 만약 긍정적인 태도를 갖고 있지 않다면, 트랙터 서플라이는 그런 직원이 일하기에 적당한 곳이 아닙니다.

더 이상 제품이나 계산 속도, 직원의 태도를 문제 삼는 고객의 편지는 읽기 싫습니다. 이 문제들은 직원 여러분의 몫입니다. 회사는 여러분을 믿습니다. 그리고 여러분은 권한을 갖고 있습니다.

현장에서 고객의 문제가 해결된다면 여러분은 고객의 마음을 얻을 것입니다. 만약 고객의 문제가 점포에서 해결이 안 되고 내슈빌에 있는 본사로 넘어온다면, 물론 문제가 해결되기는 하겠지만, 여러분과 여러분의 점포는 고객의 마음을 잃을 것입니다. 모든 문제는 점포에서 해결되어야 합니다.

고객에게 어떤 '쇼핑 경험'을 제공하느냐에 따라, 고객은 여러분이 있는 점포를 찾거나 외면할 것입니다. 고객을 배려하는 것보다 더 중요한 과제는 없습니다.

여러분의 목표는 고객이 칭찬의 편지를 쓰게 하는 것이어야 합니다.

이것이 우리 모두가 성공하는 길입니다. 여러분이 주인이라는 사실을 잊지 마십시오. 여러분에게는 고객을 위해 어떤 일이든지 할 수 있는 권한이 있습니다. 회사는 여러분을 믿습니다!

작은 행동, 큰 결과

트랙터 서플라이의 직원들은 한 순간도 초점에서 벗어나는 행동을 하지 않는다. 그들은 어떻게 해야 매출을 올리고 높은 고객 충성도를 유지하는지를 알고 있으며, 매년 그러한 요소들을 한층 더 강화해 나가고 있다. 사보에 실린 조 스칼렛 회장의 칼럼을 읽어보면 그들이 무엇에 초점을 맞추고 있는지를 알 수 있다.

우리는 판매 회사입니다. 우리의 비전은 트랙터 서플라이가 농기구 용품 시장에서 최고의 고객 서비스를 제공하는 기업이 되는 것입니다.

우리는 고객을 사랑합니다. 무슨 일이 있어도 우리는 고객을 만족시킬 것입니다. 우리는 성공할 것입니다. 왜냐하면 우리에게는 긍정적인 사고방식을 지닌 훌륭한 직원들이 있고, 정말로 최고의 고객 서비스를 제공하기 때문입니다.

여러분에게 주어진 두 가지 과제가 있습니다.

첫째, 고객의 이름을 기억하십시오. 이것이야말로 진정한 경쟁력입니다. "존스 씨, 안녕하세요?", "반갑습니다, 앤더슨 부인!" 이렇게 고객의 이름을 부르며 건네는 인사보다 더 감동적인 것은 없습니다. 고객의 이름을 불러줄 때 고객은 여러분의 점포를 가슴속에 새길 것입니다. 고객의 이름을 부르며 고객을 맞이하는 것이 가장 효과적인 판매 전략입니다. 일주일에 한 명씩 고객의 이름을 기억하십시오. 1년이면 50명이 될 것입니다. 고객의 이름을 기억하는 것이 여러분께 드리는 첫 번째 과제입니다.

둘째, 고객을 제품이 있는 곳으로 직접 인도하십시오. 손으로 가리키거나 지시하지 말고 고객과 함께 제품이 있는 곳으로 가십시오. 그러면 고객에게 제품을 자세히 설명할 수 있습니다. 고객이 찾는 제품을 모두 찾아주고 설명해주면 여러분의 임무가 끝이 납니다. 어쩌면 다른 상품까지 판매할 수 있을지도 모릅니다. 만약 제품에 대해 잘 알지 못한다면, 우선 고객에게 제품을 살펴보게 한 다음 다른 직원에게 도움을 청하십시오. 제품이 있는 곳으로 고객을 인도하는 것이 여러분께 주어진 두 번째 과제입니다.

실천하는 리더십

직원들에게 고객의 이름을 기억하고 손님을 제품이 있는 곳까지 인도하라고 지시하는 회장이나 CEO는 찾아보기 어렵다. 또 회장이나 CEO가 오랫동안 한 가지를 일관되게 이야기하는 경우는 더욱 드물다. 그리고 그것을 행동으로 옮기는 기업은 더더욱 드물다. 바로 이것이 트랙터 서플라이의 성공 비결이다.

조 스칼렛과 트랙터 서플라이의 사장 짐 라이트는 테네시 주 내슈빌의 TSC 본사에 집무실을 두고 있다. 그런데 그곳은 본사라고 불리지 않고 점포 지원센터로 불린다. 트랙터 서플라이에 딱 어울리는 이름이지 않은가.

트랙터 서플라이의 경영진은 편안한 사무실 안에 머물러 있지 않다. 그들은 직원들과 함께 매장에 있다. 그리고 끊임없이 직원들에게 그들이 누구이고 무엇이 중요한지를 역설한다.

초점 유지하기

트랙터 서플라이는 직원 모두가 손에 손을 맞잡고 회사의 가치를 줄줄이 읊어대는 열광자들이 모인 곳은 아니다. 다만 그들은 자신들만의 독특한 방식으로 수완 좋게 사업을 운영하고 있을 뿐이다.

사장인 짐 라이트는 모든 직원들이 항상 업무의 초점을 유지하도록 독려했으며, 회사가 본래의 목표에서 벗어나지 않고 한 방향으로 나아갈 수 있게 했다.

플로리다에 위치한 타이어 킹덤(Tire Kingdom)의 사장이었던 짐은 트랙터 서플라이로 자리를 옮긴 후 뛰어난 관리 능력을 발휘하여 회사를 성공으로 이끌었다. 짐의 리더십에는 직원들로 하여금 아무리 사소한 업무라도 완벽하게 수행하도록 만드는 힘이 있었다.

좋은 일터

사장인 짐과 트랙터 서플라이의 간부들은 직원들을 소매업계에서 최고의 인재들로 만드는 데 최선의 노력을 다했다. 짐은 사보에 다음과 같은 글을 썼다.

우리에게는 트랙터 서플라이를 '좋은 일터'로 만들어야 하는 막중한 책임이 놓여 있었습니다. 우리는 업계에서 최고의 고용주가 되어야 합니다. 그리고 나서야 비로소 트랙터 서플라이는 고객에게 최고의 점포가 될 수 있습니다.

우리 모두는 각자의 독특한 인생 경험과 지식을 갖고 있습니다. 우리는 또한 각자의 발전을 위해 노력합니다. 우리는 때로 실수를 할 수 있습니다.

하지만 우리 모두가 함께 배우고 지도한다면 정말로 좋은 일터가 될 수 있습니다. 그 다음에 우리 점포는 고객이 쇼핑하기 좋은 곳이 될 것입니다. 그리고 그 결과로서 우리 회사는 투자하기 좋은 기업이 될 것입니다.

사람이 곧 브랜드다

나는 짐 라이트 같은 사람이 바로 '온리원' CEO라고 생각한다. 그는 사업 운영은 시스템이나 프로세스에 관한 것이 아니라, 그것을 운영하는 사람에 관한 것이라는 사실을 이해하고 있기 때문이다. 트랙터 서플라이는 신기술에 많은 투자를 하고 있지만, 사업의 우선순위를 잊지 않는다. 트랙터 서플라이에서 사업의 핵심은 바로 사람이다. 이는 단지 구호가 아니라 일상적인 현상이다. 사람에 대한 강조는 트랙터 서플라이 브랜드의 토대이다.

짐은 이렇게 말한다. "브랜드는 기업의 모든 것이라고 할 수 있습니다. 직원들의 행동 하나하나가 브랜드 가치에 영향을 미칩니다. 예컨대 계산대를 신속하고 효율적으로 운용하면 브랜드에 긍정적이지만, 반대로 계산대 앞에서 사람들을 오래 기다리게 하면 브랜드에는 부정적입니다. 제품이 고객의 기대를 충족시키거나 그 이상이면 브랜드에 긍정적인 영향을 미치지만, 그 반대의 경우에는 브랜드 가치를 떨어뜨리게 됩니다."

강력한 브랜드의 구축

블레이크 포올(Blake Fohl)은 트랙터 서플라이의 마케팅 담당 부사장이다. 독보적 기업이 강력한 브랜드를 구축하는 방법에 관한 통찰을 얻기 위해, 나는 트랙터 서플라이의 브랜드와 그것이 의미하는 것에 대해 그와 함께 이야기를 나누었다.

캘러웨이 귀사에서 매년 열리는 점장 회의는 가장 비중 있는 사내 행사 중 하나입니다. 점장 회의에서 볼 수 있듯이, 트랙터 서

플라이가 교육과 동기부여에 상당한 노력을 기울이는 이유
는 무엇입니까?

포올   저는 소매업을 움직이는 특별한 동력이 있다고 믿습니다.
그 동력은 잘 훈련되고 목적의식을 갖춘 직원들입니다. 그
리고 그러한 직원들을 보유하는 것이 우리가 해야 할 첫 번
째 임무입니다. 일단 그 동력이 회사 내에서 작동되기 시작
하면, 그 힘이 곧 고객에게 전이되어 그들을 행복하게 만들
것입니다. 직원들은 잘 훈련되고 동기부여되어 있고, 그로
인해 고객이 행복해 한다면, 기업의 매출은 올라가고 투자
자들은 수익을 얻게 될 것입니다. 이를 통해 우리는 '일하기
좋은 회사, 쇼핑하기 좋은 점포, 투자하기 좋은 기업'이라는
전략적 목표를 성취할 수 있습니다.

캘러웨이   점장 회의가 진부하다고 말하는 사람도 있더군요. 단지 사
기를 올리고 흥을 돋우기 위한 쇼에 지나지 않는다고 말입
니다.

포올   분명히 피곤해 하는 사람들이 있습니다. 모든 사람들이 파
티를 좋아하지 않는 것처럼 말입니다. 하지만 그것은 일부
사람들에 국한된 얘깁니다. 만약 당신이 모임에 참석한 사
람들의 얼굴에서 자부심과 열정을 발견하지 못했다면, 그건
그들을 실제로 보지 않았기 때문입니다. 제가 드릴 수 있는
말은 회의에 참석한 사람들의 얼굴을 자세히 들여다보라는
것입니다. 소음이나 플래카드 따위는 잊으십시오. 다른 건
다 필요 없습니다. 참석한 사람들의 눈을 바라보는 게 중요

합니다. 그러면 진지한 무언가가 있다는 것을 알아차리게 될 겁니다.

캘러웨이 트랙터 서플라이에서는 브랜드의 개념을 어느 정도로 중요하게 여기고 있습니까?

포올 행복한 직원, 행복한 고객, 행복한 투자자를 만드는 우리의 노력 한가운데에 브랜드가 존재합니다. 이것이 브랜드를 바라보는 우리의 방식이죠. 브랜드가 뭐냐고 묻는다면, 나는 이렇게 대답하겠습니다. 트랙터 서플라이는 여러 브랜드의 집합이 아닌 브랜드 그 자체라고 말입니다. 바로 이 점이 다른 업체와 차별화되는 점이죠. 브랜드는 자신이 누구이고, 왜 존재하는지, 그리고 어떻게 고객과 감성적으로 연결되어 있는지를 나타냅니다.

캘러웨이 트랙터 서플라이가 생각하는 브랜드의 의미를 좀더 구체적으로 설명해주십시오.

포올 우리에게 브랜드는 우선 기업문화를 의미합니다. 트랙터 서플라이의 모든 직원들은 회사의 사명과 비전, 가치를 간직하고 있습니다. 그것은 사무실 벽에 붙여놓기 위한 표어가 아닙니다. 트랙터 서플라이의 10가지 가치는 어떻게 직원들이 서로를 대하고, 또 고객을 대해야 하는지에 대한 일종의 지침입니다. 그것이 곧 우리의 문화이고 회의 때마다 반복해서 이야기하는 주제이죠. 회의 주제가 항상 똑같아서 문제가 되진 않습니다. 왜냐하면 모든 게 문화와 관련되어 있고, 문화는 곧 브랜드의 일부이기 때문입니다.

캘러웨이 그럼 브랜드의 또 다른 의미는 무엇인가요?

포올 브랜드는 트랙터 서플라이의 존재 이유를 나타냅니다. 열심히 일하고 즐겁게 생활하고 돈을 버는 것, 그러면서 전설적인 서비스와 질 좋은 제품을 저렴한 가격에 제공하는 것이 바로 우리의 존재 이유입니다. 하지만 트랙터 서플라이라는 브랜드가 기업문화와 존재 이유만을 의미하는 것은 아닙니다. 그건 반쪽에 불과하죠. 나머지 절반은 따로 있습니다. 고객과의 감성적 연결이 바로 그것입니다.

우리는 틈새시장을 상대로 사업을 하고 있습니다. 우리 고객들을 살펴보면 어떤 공통점이 있습니다. 그 공통점이 우리를 특별하게 만들죠. 우리 고객들은 모두 특정한 라이프스타일에 대한 바람을 갖고 있습니다. 우리는 그 라이프스타일이 가능하도록 돕습니다. 즉 고객의 라이프스타일에 맞는 제품들을 점포에 구비해놓는 것입니다. 나는 사람들에게 트랙터 서플라이에 대해 이야기할 때, 우리 점포에 있는 물건들은 얼마든지 다른 곳에서도 구입할 수 있지만, 우리 점포에서 파는 모든 제품들을 한번에 구입할 수 있는 곳은 어디에도 없다고 말합니다. 우리는 전원생활을 즐기려는 사람들을 위해 꼭 필요한 제품을 선택하여 갖춰놓습니다.

캘러웨이 그러면 트랙터 서플라이의 브랜드는 고객이 특정한 라이프스타일을 추구할 수 있도록 하는 것과 관련이 있다는 말씀이신가요?

포올 우리 고객들은 전원생활을 즐기기 위해 매일 도심에서 교외로, 교외에서 도심으로 먼 거리를 오고가는 수고를 마다하지 않는 사람들입니다. 그들에게 전원생활은 단순한 취미가 아니라 라이프스타일입니다. 브랜드는 라이프스타일과 관련이 있죠. 일시적인 유행으로는 지속적인 브랜드를 구축할 수 없어요. 트랙터 서플라이와 고객과의 감성적 연결은 그러한 라이프스타일에 기초를 두고 있습니다.

캘러웨이 브랜드의 일부로서 가격은 어떻습니까? 차별화 요소로서 가격이 얼마나 중요한가요?

포올 적어도 가격이 제품을 구매하는 데 있어 장애요소가 되어서는 안 되겠지요. 가격이 문제가 되는 것을 원치 않아요. 우리는 항상 공정하고 저렴한 가격으로 고객의 신뢰를 얻는 데 주력하고 있습니다.

캘러웨이 브랜드를 구축하는 데 트랙터 서플라이의 문화가 어느 정도로 기여했습니까? 문화가 제품보다 더 중요하다고 생각하십니까?

포올 브랜드 구축을 위한 트랙터 서플라이의 접근 방법은 기업 문화를 지렛대로 활용하는 것입니다. 결국 브랜드의 차이를 만드는 것은 문화입니다. 우리의 브랜드는 쉽게 복제하거나 모방할 수 없습니다. 누군가가 우리와 똑같은 제품을 만들어 팔 수는 있지만, 그들에겐 우리가 갖고 있는 문화가 없습니다. 우리 회사에서 일하는 수천 명의 직원들이 바로 우리의 문화입니다. 직원들은 트랙터 서플라이라는 브랜드가 고객들과 만나는 접점이죠. 그들을 통해 우리의 브랜드는 수

백만 명의 고객들과 만나고 있습니다.

캘러웨이   트랙터 서플라이의 성공에는 강력한 리더십이 중요한 역할을 한 것 같은데, 어떻습니까?

포올   위대한 브랜드를 가진 위대한 기업이 되기 위해서는 무엇보다 기업가 정신과 뛰어난 리더가 필요합니다. 사우스웨스트 항공의 허브 켈러허 회장은 어떻게 했습니까? 월마트의 샘 월튼은 어떻게 했습니까? 기업이 지속성을 가지려면 기업문화를 육성해야 합니다. 문화는 스스로 관철되는 예언과도 같지요. 조 스칼렛 회장은 기업문화를 강화하고 발전시켰습니다. 직원들에게는 브랜드에 대한 열정을 불어넣었습니다. 그 결과 파트타임 직원에서부터 간부에 이르기까지 모든 직원들은 브랜드 옹호자가 되었죠. 이는 전적으로 조 회장의 강력한 리더십의 결과입니다.

캘러웨이   트랙터 서플라이는 어떻게 조직 내부적으로 브랜드의 의미를 공유하고 있습니까?

포올   모든 것은 조 스칼렛 회장이 있는 이곳 본사에서부터 시작됩니다. 먼저 최고 경영진의 주도하에 본사 직원들을 거쳐서 일선 현장에 있는 수천 명의 직원들에게로 전달됩니다.

　　우리의 목표는 점포 계산원까지도 살아 있는 우리의 가치와 문화가 어떻게 트랙터 서플라이의 브랜드 가치를 제고하고, 그 결과 그녀 자신의 가치를 높일 수 있는지를 이해하게 만드는 것입니다. 방법은 아주 간단해요. 계산원인 그녀가 시간을 내서 매주 한두 명의 고객 이름을 기억하고, 고객이

232

점포 안으로 들어왔을 때 "안녕하세요, 빌, 요즘 어떻게 지내세요? 아이들은 잘 있나요?"라고 말할 수 있도록 하는 것입니다. 이것이 바로 문화의 힘이죠. 요즘 고객의 이름을 불러주고 관심을 가져주는 곳이 어디에 있습니까? 이 단순한 행동에 트랙터 서플라이의 가치가 반영되어 있고, 그것을 통해 고객은 우리의 브랜드를 접하게 됩니다. 고객의 이름을 기억하는 계산원의 단순한 행동이 트랙터 서플라이의 가치를 높여주는 것이죠.

캘러웨이 고객과 직접 대면하지 않는 직원들은 어떤 식으로 브랜드 가치를 높이고 있습니까?

포올 고객을 대면할 기회가 드문 지원부서 직원들은 높은 윤리의식과 팀 정신을 갖고 있습니다. 그들은 판매대에 항상 적정 재고가 유지될 수 있게 함으로써 고객이 언제나 필요한 제품을 구입할 수 있도록 하죠. 고객들로부터 신뢰받는 점포가 되는 데 이것만큼 중요한 것은 없습니다. 자신이 맡은 임무를 훌륭히 수행하면, 그것이 바로 트랙터 서플라이의 문화를 실천하는 것입니다. 그들은 신뢰성과 일관성이라는 브랜드의 약속을 지키는 데 일조하고 있지요.

캘러웨이 브랜드 구축이 정말로 고객과의 관계나 감성적 연결에 관한 것이라고 보십니까?

포올 브랜드 구축은 무엇보다도 브랜드 접점인 수천 명의 직원들을 통해 이루어집니다. 직원들이 즐거운 마음으로 고객을 위해 일할 때 그들은 브랜드의 대변자가 됩니다. 그리고 수

백만 명의 고객들이 우리 브랜드를 신뢰하게 됩니다. 고객 중에 이런 글을 남긴 사람이 있습니다. "트랙터 서플라이의 직원들은 제 라이프스타일을 잘 이해하더군요. 그들은 수고를 아끼지 않고 원하는 물건을 찾아줬어요. 물건을 찾아주기만 한 게 아니라 사용법까지 조언해주더군요. 덕분에 전원생활을 즐기는 데 큰 도움이 되었습니다." 이런 경우, 고객과 감성적으로 연결되었다고 말할 수 있습니다.

트랙터 서플라이의 직원들은 고객이 그들의 라이프스타일을 향유할 수 있도록 돕는 조언자입니다. 고객들이 우리를 찾아오는 것은 단지 점포에 필요한 물건이 있기 때문만은 아니에요. 트랙터 서플라이가 자신들이 라이프스타일을 즐길 수 있도록 돕는다는 사실을 알고 있기 때문이죠. 자신의 브랜드를 신뢰하는 고객들을 갖는다는 게 얼마나 큰 힘입니까? 바로 거기에서 진정한 브랜드 가치가 나오는 것입니다.

캘러웨이　브랜드가 차별화의 핵심이라는 말씀인가요?

포올　브랜드는 중요한 차별화 요소입니다. 이는 우리가 트랙터 서플라이 브랜드의 힘을 굳게 믿는 이유입니다. 우리는 브랜드를 구축한다고 큰소리치지 않고, 조용히 브랜드의 토대를 강화하고 조직을 변화시키는 데 주력하고 있지요.

캘러웨이　트랙터 서플라이의 중요한 차별화 요인 중 하나는 관리자들과 직원들이 믿을 수 없을 정도로 항상 열정적이라는 사실입니다. 트랙터 서플라이는 종종 단합대회를 통해 동기 부여를 해주는 것으로 알고 있습니다만, 행사가 없는 시기에는 어떻게 그러한 열정과 동기를 유지할 수 있게 합니까?

포올 　결코 쉬운 일은 아닙니다. 하지만 우리가 믿는 한 가지 중요한 가치는 승자의 태도(winning attitude)입니다. 우리는 할 수 있다는 승자의 태도를 갖고 있습니다. 우리 모두 승자가 되기를 바라며, 직원들은 다른 점포보다 더 나은 실적을 거두려는 강한 의욕을 갖고 있습니다. 항상 점포별로 그리고 지역별로 경쟁이 치열합니다. 실제로 직원들은 다른 점포의 직원들에게 "우리가 너희보다 더 잘할 수 있어. 그걸 입증해 보이겠어"라면서 도전장을 내밀곤 합니다.

캘러웨이 　트랙터 서플라이의 문화는 매우 실제적입니다. 그래서 회사 어디서나 그것을 피부로 느낄 수 있었습니다. 그리고 직원들은 서로 치열하게 경쟁하면서도 서로의 성공을 위해 노력하는 것 같더군요.

포올 　직원 모두가 트랙터 서플라이의 문화에 젖어 있습니다. 그것은 전염성이 아주 강하지요. 조 스칼렛 회장은 기회가 있을 때마다 우리의 성공담을 들려줍니다. 이는 직원들의 열정과 헌신도를 유지하는 한 가지 방법이죠. 직원들은 성공담에 등장하는 주인공이 되고 싶어해요. 그들은 자신들이 근무하는 점포의 성공을 위해서 서로 좋은 아이디어를 주고받습니다. 이는 회사 전체로 점차 확산되고 있고요. 이것이 곧 우리의 삶의 방식이자 문화입니다.

캘러웨이 　제가 보기에 트랙터 서플라이의 직원들은 서로의 성공을 진심으로 기뻐해주는 것 같더군요.

포올 　슈퍼볼 경기하고 똑같아요. 경기가 끝나면 패한 팀의 선수들은 승리한 팀 선수들을 끌어안으며 이렇게 말하죠. "최고만이 이 자리에 설 수 있어. 그리고 최고 중의 최고가 승리한 거야." 우리 직원들은 열정과 자부심이 강하지만 서로를 존중하는 마음 역시 대단합니다. 만약 한 팀이 경쟁에서 이겼다면 그럴 만하기 때문이라고 인정합니다. 그들은 누군가가 자신을 앞섰다면 그 사람은 자신이 하지 못하는 특별한 무언가를 해냈을 거라고 생각하지요.

캘러웨이 　최근에 다른 회사를 인수하면서 새로운 직원들이 많이 들어온 걸로 알고 있습니다. 그들을 트랙터 서플라이의 문화 안으로 끌어들이는 데 어려움은 없었습니까?

포올 　수년 동안 우리의 경쟁자였고 우리와는 다른 생각을 가진 사람들을 받아들이는 것이 가장 어려웠습니다. 하지만 우리는 그들에게 우리가 누구이고, 무엇을 하고자 하는가를 말해주었습니다. 그리고 과거에 그들이 했던 일들을 존중해주겠다고 했습니다. 우리는 그들을 가족의 일원으로 따뜻하게 맞이했습니다. 이것이 트랙터 서플라이의 문화입니다.

　트랙터 서플라이의 한 가지 중요한 가치는 존중입니다. 우리는 새로 들어온 직원들을 존중했습니다. 다른 회사들은 어떻게 하는지 모르겠지만, 우리는 그들이 이전에 누렸던 혜택들을 그대로 누릴 수 있도록 했습니다. 기업연금과 보험, 휴가도 모두 보장해주었습니다. 그리고 그들에게 우리의 강력한 메시지를 전달했습니다. 우리는 그들이 우리의 방식대로 일하기를 원한다는 것과 우리의 방식은 존중이라는 것을 말입니다. 우리는 그들이 신속히 조직의 일원이 될 수 있도록 많은 배려를 했습니다.

캘러웨이 새로 들어온 직원들이 동등한 조직의 일원으로 느낄 수 있도록 상당한 노력을 하셨군요?

포올 우리는 새로운 직원들과 많은 시간 동안 서로에 관해 이야기를 나누었습니다. 우리가 누구이고, 무엇을 하고자 하며, 어떤 방식으로 일하는지, 그리고 그들에게 기대하는 것이 무엇인지 솔직하게 이야기했습니다.

우리는 또한 그들이 능동적이고 책임감 있게 행동하기를 원하며, 창의적이 되어야 한다고 말했습니다. 그리고 이전 회사에서 그들이 무슨 일을 했으며, 성공적인 경험이 무엇인지 물었습니다. 그들에게는 분명히 배울 점이 있을 테니까요.

캘러웨이 고객을 행복하게 하기 위해서라면 직원들이 어떤 일이라도 할 수 있게 하는 정책을 가지고 있죠?

포올 우리는 직원들에게 많은 권한을 위임하고 있습니다. 그래서 점포 입구에는 '모든 직원은 무슨 일이든지 할 수 있는 권한이 있다' 라고 적혀 있지요.

캘러웨이 그런 정책을 고객이 부당하게 이용하진 않나요?

포올 그런 사람들이 일부 있긴 하지만 그들 때문에 정책을 철회한다는 건 말도 안 되죠. 빈대 한 마리 잡으려다가 초가삼간 태우는 격이랄까요. 우리 점포를 이용하는 고객들은 종종 기대

이상의 서비스를 받고는 "정말 믿을 수가 없어요!"라며 감탄합니다. 이는 우리 회사를 자발적으로 선전해주는 사람을 한 명씩 확보하게 되는 셈이죠. 그들은 돌아가서 이웃들에게 '놀라운 경험' 을 했다고 말할 것입니다.

캘러웨이　트랙터 서플라이의 정책은 '고객을 위해서라면 어떤 일이라도 하라' 는 것입니다. 그에 대한 사례를 하나 들어주시죠?

포올　우리 집을 수리할 때의 일입니다. 인부가 잔디 깎는 기계가 필요하다고 하더군요. 가정용보다 더 큰 게 필요하다면서요. 그래서 트랙터 서플라이에 가서 직접 사오라고 했죠. 잠시 뒤 인부가 천 달러짜리 대형 잔디깎기를 사왔더군요. 그런데 그가 기계를 사용해본 후 이렇게 말하는 거예요. "이거 어쩌죠? 쓰기에 적합하지 않네요." 그래서 다시 반품을 하라고 했죠.

반품하려고 점포에 간 인부는 그곳 매니저에게 이런 말을 들었답니다. "저희는 손님이 만족하실 때까지 최선을 다하겠습니다. 원하는 사양을 말씀해주시면 찾아드리겠습니다." 인부는 처음보다 더 비싼 잔디깎기를 들고 왔더군요. 그리고는 믿을 수 없다는 듯한 표정을 지으며 말했습니다. "글쎄, 제품에 아무 문제가 없고 이미 한번 사용했는데도 그냥 바꿔주던 걸. 이번엔 제대로 골라 왔어요."

다른 점포였다면 아마 이런 말을 들었을 겁니다. "손님, 잔디깎기에는 아무 이상이 없습니다. 죄송합니다만, 저희가 어떻게 해드릴 방법이 없군요."

자신이 누구인지 안다

　트랙터 서플라이가 독보적 기업이 될 수 있었던 가장 결정적인 요인은 자신들이 누구인지 분명하게 알고 있다는 것이다. 그들은 열심히 일하고, 일 자체를 즐긴다. 고객을 행복하게 하는 일이라면 그것이 어떤 일이라도 마다하지 않는다. 그리고 항상 올바른 일을 수행하고, 승리를 축하하며, 승자의 태도를 견지한다.

　경쟁이 치열한 비즈니스 현실에서 이런 식의 이야기는 자칫 비현실적이고 위선적으로 비춰질 수도 있다. 하지만 트랙터 서플라이는 그런 방식이 더할 나위 없이 실제적이고 유용하다는 사실을 분명하게 보여주었다. 트랙터 서플라이는 흔들림이 없는 일관된 리더십과 고객과 동료를 배려하는 훌륭한 직원들이 결합될 때 기업이 어떤 곳이 되는지를 보여주는 좋은 사례이다. 여기에 고품질의 제품과 가격 경쟁력, 사업 계획을 일관되게 실행할 수 있는 능력과 세심함이 더해진다면 어떤 기업이라도 '온리원(Only One)'의 위치에 오를 수 있다.

09
온리원 경영의 핵심

원칙의 실행

개인이나 기업이 어떻게 해서 '온리원(Only One)'이 되는지를 알기 위해, '온리원' 원칙을 실행하고 있는 사람들과 만나서 이야기를 나누었다. 그들 중에는 대기업의 간부도 있고 혁신적이며 탁월한 방식으로 병원을 운영하는 치과의사도 있다. 나는 그들을 직업적으로 뿐만 아니라 개인적으로도 존경한다. 나는 그들에게서 많은 것을 배웠으며, 이 글을 읽는 독자들도 그러할 것으로 믿는다. 8장에서 우리는 트랙터 서플라이의 사례를 살펴보았다. 이제 다른 기업의 사례들도 살펴보도록 하자.

변화의 결정

　스튜디오 프로덕션(Studio Production)은 1978년에 설립된 이래 광고와 다큐멘터리를 제작해 왔다. 그들은 '어니스트(Ernest)' 광고 시리즈를 제작해 엄청난 성공을 거두었는데, 이 광고는 4천여 편이 제작되어 미국 전역에 방영되었다. 스튜디오 프로덕션은 텔레비전 방송과 독립영화 분야에도 진출했다. 자체 제작한 TV 코미디, 특집, 시리즈물, 영화를 방송국에 판매하면서 스튜디오 프로덕션은 방송 기획 및 제작 분야에서 선두 주자가 되었다.

　그런데 2000년 들어서 경영진은 차츰 자만하기 시작했다. 겉으로 보기에 회사는 그럭저럭 굴러가는 듯했지만, 사실은 깊은 정체의 늪에 빠져 있었다. 그들 앞에 결정적 순간이 도래한 것이다. 이제 모든 것을 전면적으로 변화시키든지 아니면 회사 문을 닫아야 하는 순간이었다.

　이듬해에 스튜디오 프로덕션은 변화를 선택했다. 그들은 영화감독 크리스 로저스(Chris Rogers)가 이끄는 어니스트 이미지(Honest Image)와의 합병에 서명함으로써 러커스필름(RuckusFilm)으로 새롭게 탄생했다. 단순히 회사의 이름만 바뀐 게 아니라, 기존의 모든 것을 바꾸는 전면적인 혁신을 단행함으로써 새로운 단계로 나아가겠다는 결정을 내린 것이다.

　현재 러커스필름은 다각적으로 사업을 펼치고 있다. 유선 방송과 공중파 방송을 위한 프로그램 제작을 포함하여 영화, 뮤직 비디오, 광고, 사내 뉴스 제작에도 관여하고 있다. 그들과 주로 거래하는 곳은

CBS, AOL/타임워너(AOL/Time Warner), 터너사우스 네트워크 (TurnerSouth Network), 소니뮤직(Sony Music) 등이다.

현재 러커스필름은 여섯 명이 공동으로 운영하고 있으며, 나는 그들 가운데 세 사람과 만나 이야기를 나누었다. 클라크 갤리번(Clarke Gallivan), 크리스 로저스(Chris Rogers), 코크 샘즈(Coke Sams)는 회사가 결정적 순간에 직면했을 때, 어떻게 전진하기로 결정했는지를 자세히 들려주었다.

캘러웨이 먼저 스튜디오 프로덕션이 러커스필름으로 극적인 변신을 하게 된 과정에 대해 말씀해주십시오.

갤리번 이 계속 진행 중인 작업이라고 생각합니다.

로저스 우리는 지금도 여전히 우리 자신이 누구인지를 결정해야 하는 순간들과 맞딱뜨리고 있습니다.

샘즈 건강한 기업이 되려면 자신이 누구인지 끊임없이 자문해봐야 해요.

갤리번 뭐랄까, 그건 어쩌면 판도라의 상자를 여는 것과 같아요.

샘즈 무엇이 새로운 것인지를 계속해서 정의해야 합니다.

캘러웨이 그렇지만 중대한 변화가 이루어지는 특정한 순간들이 있게 마련이죠. 여러분은 그때 어떤 결정을 내렸습니까?

샘즈 우리 모두의 힘을 모아서 새로운 것을 만들어내기로 결정했습니다.

캘러웨이 어째서 그런 결정을 내렸나요?

샘즈 지난 20년 동안 스튜디오 프로덕션은 꾸준히 성장해 왔습니

다. 그런데 어느 순간부터 더 이상 앞으로 나아가지 못하고
한동안 정체 상태가 계속되더군요. 우리에겐 새로운 돌파구
가 필요했지만, 그게 뭔지 전혀 알 수가 없었습니다. "다음
해까지 새로운 무언가를 찾아내지 못하면 우린 망하는 수밖
에 없어"라고 우린 자조적으로 말하기도 했습니다. 『뉴요커
(New Yorker)』에서 봤던 만화의 한 장면이 생각나더군요. 애
벌레 두 마리가 풀잎 위를 기어가고 있었어요. 한 녀석이 다
른 녀석에게 이렇게 말하죠. "뭐가 될지는 모르지만, 하루빨
리 변했으면 좋겠어." 당시 저희 심정이 그랬습니다.

갤리번　　저는 늘 이런 생각을 가지고 사업을 해왔습니다. 앞으로 나
아가든지 그만두든지 해라, 그 자리에 머물러 있어서는 안
된다! 사실상 사업을 그만두는 것도 하나의 대안이라 할 수
있죠.

캘러웨이　바로 그 시점에 크리스와 사업을 같이 하기로 결정하셨죠?

샘즈　　　새 인물의 영입은 분명 하나의 선택이었습니다. 우리는 변
화하기로 결정했고, 크리스가 들어오면서 상황이 확 바뀌었
습니다. 크리스는 대단히 창조적이고 아이디어가 풍부한 사
람입니다.

로저스　　사업을 포기하거나 다른 시도를 해야 하는 결단의 순간에
이르기까지는 사고의 전환이 있었습니다. 당시 우리는 사업
에 대한 자기만족에 빠져서 앞으로 나아가는 문제는 전혀
신경도 쓰지 않았죠. 그러나 결국에는 변화를 통해 얻는 것
이 훨씬 크다는 사실을 깨달았습니다. 그 순간, 우리는 이전

의 방식에 더이상 안주하지 않고 과감한 변화를 시도하기로
결정했습니다.

갤리번 크리스와 동업을 시작한 지 6개월 후, 회사 이름을 러커스필
름으로 바꾸는 등의 많은 변화가 뒤따랐습니다.

샘즈 그 당시 우리는 브랜드를 의식적으로 구축하려고 노력했어
요. 브랜드를 새로 만들어보면 어떨까, 멋진 로고와 의미 있
는 회사 이름을 만들어보자, 하는 식으로 말이죠.

캘러웨이 진정한 브랜드 구축 작업을 했다고 볼 수 있군요. 광고회사
에 의뢰하는 대신 각자의 아이디어를 모아서 러커스필름이
라는 새로운 이름을 탄생시켰으니까요.

샘즈 그 과정에서 크리스의 역할이 가장 컸습니다. 우리 회사는
개성이 뚜렷한 사람들로 구성되어 있고, 회사의 규모도 작아
서 각자의 방식대로 일해 왔습니다. 무언가 합의를 이루려고
노력해본 적도 없었지요. 그러던 어느 날, 크리스가 이런 제
안을 하더군요. “우리 모두의 아이디어를 동원해 새로운 회
사 이름을 지어보면 어떨까?” 그 말이 떨어지기가 무섭게 우
리는 용어사전, 어휘집 등의 자료를 챙겨들고 한 자리에 모
였습니다.

갤리번 여섯 명이 모두 모여서 머리를 맞댄 것은 그때가 처음이었습
니다. 정말 놀라운 일이었죠.

로저스 진정한 브레인스토밍이 이루어진 것이죠.

샘즈 자유로운 분위기에서 신선하고 독창적인 아이디어들이 끝없
이 쏟아져 나왔습니다.

로저스   2주에 걸친 논의 결과, 우리는 만장일치로 회사 이름을 결정했습니다. 그리고 새로운 이름에 어울리는 근사한 로고도 만들었죠. 그 로고는 상도 받았답니다.

캘러웨이 제가 보기에도 러커스필름의 로고는 무척 인상적이더군요.

갤리번   로고를 만들면서 시각적 요소의 위력을 확신하게 되었습니다. 브랜드의 이름 못지않게 로고도 중요한 의미를 갖는다고 봅니다.

로저스   맞습니다. 새로운 로고 덕분에 일하기가 훨씬 수월해졌거든요. 우리의 새로운 로고는 상당히 의미 있고 편안한 느낌을 줍니다.

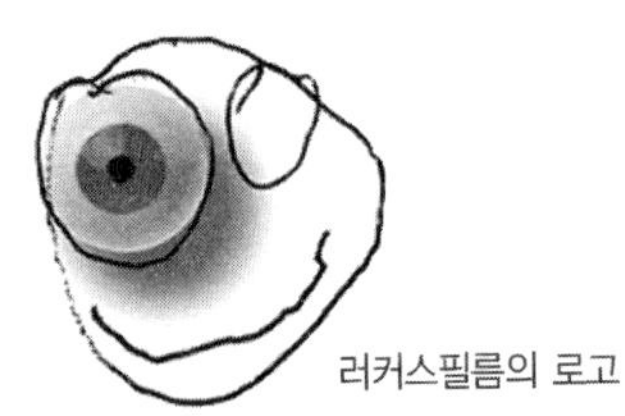

러커스필름의 로고

샘즈   이 유별난 눈동자가 새겨진 명함을 내밀면 고객은 우리 회사가 어떤 회사인지 바로 알아차리죠. '유쾌한 회사, 독창적인 기업'이라는 메시지를 바로 전달해주니까요.

갤리번   꼭 '나를 좀 보세요!'라고 말하는 것 같지 않나요? 로고를 보고 있으면 나도 모르게 웃음이 납니다.

로저스   로고 디자인으로 상을 받았을 때 우리는 사기가 크게 올랐습니다. 회사의 변화에 대해 다소 회의적인 반응을 보이던 사람들도 진심으로 동참하게 되었고요.

246

샘즈   우리 자신과 우리가 지닌 강점에 대한 새로운 인식이 모두
를 하나가 되게 만들었습니다. 우리는 더 이상 과거에 얽매
이지 않고 힘을 합쳐 새로운 것을 창조해내고 있습니다. 일
도 이전보다 훨씬 더 재미있어졌고요.

캘러웨이 어떻게 하면 잘 팔 수 있을까가 아니라 어떻게 하면 더 재미
있을까의 관점에서 브랜딩에 접근한 점이 무척 인상적이군
요. 결국 그런 방식이 가장 잘 팔 수 있는 길이기도 하죠.

로저스   맞습니다. 하지만 우리의 변화는 무엇보다 우리 자신을 세
상에 알리자는 취지에서 이루어졌습니다. 그런데 큰 변화를
결정하고 보니 다른 변화들은 상대적으로 쉽더군요. 의사결
정이 전보다 수월해졌다는 것도 그 중 하나입니다. 또한 말
로만 그치던 일들이 이제는 실행으로 옮겨지고 있습니다.
이전에는 무엇에 대해 논의할지를 결정했다면, 지금은 무엇
을 실행할지를 결정한다고 볼 수 있죠.

사명과 비전

퀼의 사장인 래리 모스는 리더뿐만 아니라 모든 직원은 기업이 지
향하는 것이 무엇이고, 나아가고자 하는 방향이 어디인지를 분명하게
알고 있어야 한다고 강조해 왔다. 그는 사보인 『펜팔(Pen Pal)』에 다음
과 같은 글을 실었다.

기업의 사명, 목표, 가치, 기본 원칙, 비전 등을 빽빽하게 적어놓은 책을 볼 때면 저는 항상 놀랍고 혼란스럽습니다. 이런 책들은 대개 쓸모없는 것에 지나지 않을 때가 많습니다. 그 책이 아무리 좋은 내용을 담고 있더라도, 정작 기업의 구성원들도 그 기업이 무엇을 지향하고, 어디로 가고자 하는지를 모르는 경우가 많습니다. 나는 어느 CEO가 쓴 글을 읽은 적이 있습니다. 만약 어떤 기업의 최고 간부 10명에게 기업이 지향하는 게 뭐냐고 묻는다면, 아마 10가지의 서로 다른 대답이 나올 거라고 그는 말했습니다.

모든 조직의 리더는 가장 중요하고 기본적인 두 가지 진실을 알고 있어야 합니다. 기업이 지향하는 것이 무엇인가, 기업이 어디로 가고자 하는가가 바로 그것입니다. 이는 흔히 비전이나 가치, 혹은 이념이라 불리는 것입니다. 뭐라고 불리든 간에, 그것은 기업에 없어서는 안 될 필수 요소입니다. 그리고 더욱 중요한 점은, 그러한 진실은 모든 사람이 쉽게 이해하고 받아들일 수 있도록 단순해야 하며, 기업문화의 일부로서 정착될 수 있도록 명료해야 한다는 것입니다.

우리는 그 진실을 책으로 정리해놓거나 종이에 적어놓을 수도 있습니다. 또는 말로만 이야기할 수도 있습니다. 하지만 그것은 조직 내부에 깊숙이 뿌리내릴 수 있도록 단순하고 명료해야 합니다. 그래야만 상황이 좋을 때나 나쁠 때나 조직을 단합시켜주는 접착제 구실을 할 수 있습니다. 주어진 상황에서 무엇을 해야 할지 의문이 들 때마다, 직원들은 기업이 지향하는 것, 그리고 기업이 어디로 가고자 하는지를 알고 있어야 합니다. 이러한 두 가지 기본적인 사항을 아는 것은 어떤 결정을 내리거나 해결책을 찾는데 필요한 해답이나 방향을 제시해줄 것입니다.

가령 여러분이 속한 조직이 질 좋은 의료 서비스를 지향한다고 할 때, 무엇에 중점을 두어야 하는지는 너무도 분명합니다. 그리고 향후 3년 내에 병실의 침대를 두 배로 늘리기로 계획했다면, 그 방향 역시 분명해집니다. 조직 구성원들 모두가 목표를 분명히 이해하고 그 목표를 달성하기 위해 노력해야 합니다.

기업마다 각기 추구하는 가치들이 있습니다. 하지만 모든 직원들은 자신의 기업에 관한 두 가지 핵심 사항만은 반드시 알고 있어야 합니다. 즉 기업이 무엇을 지향하고, 어디를 향해 가고자 하는지를 말입니다. 그리고 조직의 리더는 기업의 비전을 단순하고 명료하게 만들어야 할 뿐만 아니라, 그것을 직원들에게 분명하게 전달하고 실행에 옮기도록 해야 합니다.

리더의 역할

래리 키너는 팜 하버 홈즈(Palm Harborr Homes)의 최고경영자이다. 그는 팜 하버 홈즈가 단순히 주택을 건설하고 판매하는 것에만 머물러 있어서는 안 된다는 사실을 누구보다 잘 알고 있다. 래리 키너와 경영진들은 자신들이 정해놓은 중요한 원칙들을 일상적으로 강화하는 작업을 효과적으로 수행하고 있다.

캘러웨이 팜 하버 홈즈의 간부들은 회사의 기본적인 일상 업무에 어떤 식으로 관여하고 있습니까?

키너 '우리 회사에는 간부가 없다' 라고 우리는 말합니다. 회사 내의 어느 누구도 고객들에게 주택을 만들어 팔고, 금융 지원을 하고, 서비스를 제공하는 등의 기본적인 업무에서 동떨어져 있지 않다는 뜻이죠. 우리는 리더십을 참여, 헌신, 책임이라고 봅니다.

캘러웨이 리더의 주요한 책임이 무엇이라고 생각하십니까?

키너 리더는 직원들의 코치가 되어야 합니다. 함께 하되 일정한 거리를 유지하면서 직원들이 성공하는 데 필요한 지원을 제공해야 합니다.

리더의 책임은 팀워크를 강화하고, 성과를 창출하고, 직원의 능력을 개발하는 것입니다. 리더에게는 어려운 선택과 희생이 요구됩니다. 그리고 부하직원들을 위해 봉사하는 것이 리더로서의 가장 큰 보상임을 이해할 수 있는 성숙함이 요구됩니다.

고객과의 감성적 연결

'온리원' 의 사례는 가까운 곳에서도 찾을 수 있다. 셰릴 스콧은 내가 자주 다니는 병원의 치과의사이다. 여러 해 동안 그 병원을 다니면서 나는 닥터 스콧과 병원 직원들에게 매료되고 말았다. 스콧 박사는 유능한 치과의사일 뿐만 아니라 탁월한 사업가이기도 하다.

스콧 박사는 플로리다 주 마이애미의 팽키 연구소(L. D. Pankey Institute) 치의학 초빙교수이며, 테네시 일반 치의학회 이사직을 맡고 있다.

캘러웨이 치과 진료를 아주 특별하게 만들어보겠다는 결정을 내린 적이 있었습니까? 그러니까 진정으로 한 단계 앞으로 나아가기로 결정했던 결정적 순간을 경험한 적이 있었나요?

스콧 12년 전에 몹시 흥분된 순간이 있었어요. 막 새로운 치료법을 배웠을 때였죠. 그건 환자들에 대한 치료를 획기적으로 개선할 수 있는 치료법이었습니다.

하지만 내 삶을 바꾸고 진료 방식을 변화시키고, 생각지도 못한 놀라움을 안겨준 것은 새로운 치료법이 아니었어요. 내 인생을 영원히 바꿔놓은 것은 내가 처음으로 치료를 했던 존이라는 환자가 보인 반응이었죠.

그때 나는 존을 치료하면서 시간가는 줄도 몰랐어요. 내가 가진 모든 지식과 기술을 사용해 환자를 치료하는 데만 온통 신경을 집중했어요. 한시라도 빨리 환자를 통증에서 벗어나게 하는 것만큼 중요한 것은 없었으니까요. 존도 내가 진심으로 진료를 한다는 것을 알았을 거예요. 치료가 끝나자 계속해서 고맙다고 인사를 하더군요. 존은 씹거나 턱을 움직여도 통증이 느껴지지 않자 아주 기뻐했어요.

진료가 끝나고 나는 "안녕히 가세요"라고 말했죠. 그때 뜻밖에도 그가 나가려다 잠시 멈춰서더군요. 나는 존이 뭔가

하고 싶은 말이 있다는 걸 알았어요. 잠시 후 존은 내 눈을 쳐다보며 다가오더니 손을 덥석 잡더군요. 그리고는 마음 깊은 곳에서 우러나는 목소리로 정말로 고맙다고 말했어요. 우리는 아무 말 없이 악수를 나눴죠.

나는 그때의 기억을 소중히 생각합니다. "고맙습니다"라는 그의 말에는 표현하기 힘든 뭔가가 있었어요. 존은 무엇보다 내가 성심껏 치료를 해준 것에 대해 감사를 표하려고 했어요. 통증을 낮게 해주고 만족스런 치료를 해준 것에 대해서도 정말 고마워했어요. 주는 것이 받는 것이라는 말의 의미를 그때 처음 깨달았어요. 진심에서 우러나온 고맙다는 말 한마디보다 더 큰 보상은 없다는 사실도 깨달았죠. 그때 나는 나 자신과 진료 방식을 바꾸기로 결심했습니다. 무엇보다 진료 과정에서 환자와의 관계를 중시하게 되었습니다.

그 후 세계적으로 유명한 팽키 박사(Dr. L.D. Pankey)의 책들을 읽으면서, 그 당시 내가 겪었던 일을 더욱 깊이 이해할 수 있었어요. 팽키 박사는 '전문가'를 자기 자신보다는 타인과 사회의 이익을 위해 탁월한 지식과 기술, 판단력을 사용하는 사람이라고 정의합니다. 그리고 그의 좌우명은 '퀴드 프로 쿠오(quid pro quo)'인데, 이 말은 주는 만큼 받는다는 뜻입니다.

캘러웨이 환자와의 관계가 얼마나 중요하다고 보시나요? 실제 진료 뿐만 아니라 모든 면에서 말입니다. 선생님 치과에서 진료를 받으면서 늘 느끼는 거지만, 직원들이 모두 친구처럼 여겨지거든요. 마치 친구 집에 온 듯한 기분이 듭니다.

스콧   인간관계란 삶에서 가장 중요한 요소라고 생각합니다. 환자들의 우리에 대한 신뢰는 그야말로 절대적이죠. 우리 병원 식구들은 환자들을 위해 최선을 다합니다. 그래서 그들은 이렇게 말하죠. "모두가 정말 친절하고 좋은 분들이에요. 항상 저를 염려해주시니까 친구처럼 느껴져요." 우리 모두는 그 말에 힘을 얻고, 그런 칭찬을 계속 들을 수 있도록 최선을 다합니다.

우리 병원은 매일 여러가지 일들로 바쁜 편입니다. 하지만 그런 와중에도 정기적으로 다양한 주제를 놓고 회의를 하지요. 더 효율적인 진료 방안, 직원들을 위한 교육 기회 증진 방안, 환자에 대한 서비스 개선 방안, 고객 증진 방안 등에 대해 논의를 합니다. 그리고 논의된 사항들을 하나하나 실천해 오고 있습니다. 이는 우리에게 많은 보람을 느끼게 합니다. 하지만 우리를 가장 기쁘게 것은 우리의 친구인 환자들과의 만족스런 관계입니다.

환자들과 관계를 형성하고 유지하기 위한 조치로서 우리는 매일 시간을 내서 환자들과 이야기를 나눕니다. 이는 '천천히 돌아가는 것'을 의미합니다. 더 빠르고 더 많은 것을 좋아하는 현대사회에서 '천천히 돌아가는 것'은 불가능한 일처럼 보입니다. 비생산적이고 수지가 안 맞는 일로 보일 수 있죠. 하지만 아니에요. 그 반대죠. 환자들이 진료에 대해 충분한 설명을 듣고 성심껏 치료를 받게 되면 그들은 우리를 더욱 신뢰하고 치아만이 아니라 몸 전반의 건강까지 우리에게 맡깁니다. 다른 치과에서는 한번에 상한 치아 하나만 치료하고 맙니다. 하지만 우리는 환자의 치아가 최상의 상태가 될 수 있도록 치료합니다. 그리고 환자가 치아를 건강한 상태로 평생 동안 유지하는 것까지 신경을 씁니다.

물론 그 일이 쉽지만은 않습니다. 민간 건강보험 기구들은 소속 의사들에게 하루에 가능한 한 많은 환자를 진료하라고 합니다. 왜냐하면 이들이 진료비를 책정하는데, 그 진료비는 실제 비용과는 아무 관계가 없기 때문이죠. 이들 기구와 거래하는 대부분의 진료소들은 비용 문제 때문에 하루 종일 많은 환자들을 진료해야만 합니다. 저는 예전에 이 기구들에 가입했었지만, 그들이 환자와의 관계를 중시하는 진료에 관심이 없다는 것을 알고 탈퇴해버렸습니다.

우리는 매일 환자를 위해 해줄 수 있는 '작은 일들'이 무엇인지에 대해서도 논의합니다. 이를테면 환자에게 기념일에 맞춰 카드를 보내거나 그들의 가족이나 생활에 대해 묻는 것 등이죠. 그러면서 우리는 환자들에 대해 더 잘 알게 됩니다. 우리는 환자를 이웃처럼 대합니다. 그리고 그렇게 하는 게 즐거워요.

캘러웨이 당신은 교육 기회를 늘리고 최신 의료기술을 적용하기 위해 부단히 노력하는 것으로 알고 있습니다. 그것이 왜 중요한지 설명해주시겠습니까?

스콧 직원들은 누구나 서로 가르치고 배웁니다. 우리는 대화를 통해 서로의 생각을 공유합니다. 무척 중요한 일이에요. 좋은 교사가 되려면 먼저 좋은 학생이 되어야 한다고 생각합니다.

나는 항상 스스로를 학생이라고 생각합니다. 이런 생각이 직원이나 환자, 나 자신에게 큰 도움이 됩니다. 나는 치아의 교합, 턱관절 이상, 진료 철학 등에 관해 상당한 연구를 해왔고, 그러한 연구를 아주 좋아합니다. 지금은 그것을 가르치면서 더 잘 알게 되었습니다. 가르치는 것이 곧 배우는 것인 셈이죠.

환자들에게 배우는 것도 많습니다. 최근에 몇몇 환자들은 자신들이 인터넷을 통해 알게 된 최신 이론인 전체론적 치의학(holistic dentistry)을 내게 연구보라고 권하더군요. 또 어떤 환자는 건강상 수은 충전의 위험성에 관해 알아봐달라고 하더군요. 이런 문제들은 환자에게 아주 중요하기 때문에 그 분야에 관해 따로 공부를 시작했어요.

나는 스콧 박사 밑에서 일하는 직원들이 어떤 생각을 갖고 있는지도 알고 싶었다. 내가 보기에 직원들은 하나같이 태도와 업무 수행이 모두 뛰어났다. 나는 빅토리아 리처드(Vitoria Richard)라는 직원과 이야기를 나누었다.

캘러웨이 리처드, 당신이 일하면서 가장 중요하게 여기는 것은 무엇입니까?

리처드   환자를 최대한 배려하는 것이 제겐 가장 중요합니다. 매일
아침 진료 계획을 짜지만 계획대로 되지 않을 때가 많습니
다. 환자의 상황에 따라 계획을 바꾸기 때문이죠. 한번은 잘
아는 환자 한 분이 6개월 만에 병원을 찾아왔었습니다. 저는
환자의 남편이 잘 지내는지 물었어요. 그런데 그가 세상을
떠났다는 사실을 모르고 한 말이었죠. 환자는 울음을 터뜨
렸고, 남편과의 추억을 20여 분 동안 들려줬어요. 저는 환자
의 손을 꼭 잡아주었죠. 과연 그때 환자에게 필요한 것이 진
료일까요? 아니에요. 그녀의 심정을 이해해줄 사람이 필요
했는데 그게 저였던 거죠. 진료가 끝나고 그 환자가 병원을
나설 때 저는 그녀를 가볍게 껴안아주었어요. 그녀는 기분
이 나아졌다며 고맙다고 하더군요.

계획을 바꾸는 것은 제가 환자들을 배려하는 방식입니다.
그렇게 해서 환자들의 삶이 조금이라도 달라질 수 있다면
그것만큼 의미 있는 일은 없습니다.

적합한 인재

적합한 인재들이 적절한 시기에 공동의 목표를 지니고 힘을 합하면
아무리 불가능해 보이는 것도 현실이 될 수 있다. 시낙시스(Synaxis)
는 쉴새없이 급변하는 금융업계에서 기회를 잡기 위해 적합한 인재들
을 끌어모았다. 시낙시스 그룹은 퍼스트 테네시 은행(First Tennessee

Bank)의 독립 계열사로, 미국에서 가장 규모가 큰 보험중개회사 중한 곳이다.

고대 그리스어인 시나식스는 '한데 모으다'라는 의미이다. 시낙시스 그룹의 회장이자 최고경영자인 데이비드 헤인스(David Haynes)는 인재와 제품, 자원, 기술을 한데 모아 고객에게 더 나은 서비스를 제공하는 독보적 기업을 창출하는 데 주력하고 있다.

캘러웨이 상품의 차별성이 없어 보이는 보험업계에서 어떻게 가격 경쟁을 뛰어넘을 수 있었습니까? 특히 어느 회사나 자신의 서비스가 가장 뛰어나다고 주장하는 상황에서 말입니다.

헤인스 그것은 아주 간단합니다. 고객에게 진정으로 훌륭한 서비스를 제공하는 것입니다. 많은 기업들이 훌륭한 서비스를 제공한다고 주장하지만, 실제로 그렇게 하고 기업은 소수에 불과합니다. 고객들은 매우 영리해서 어떤 기업이 정말로 훌륭한 서비스를 제공하는지 금방 압니다.

고객이 훌륭한 서비스를 받으면 상품을 판매한 영업사원이나 기업에 대한 고객의 인식에 중요한 변화가 일어납니다. 고객은 그들을 이전과는 완전히 다르게 인식하죠. 그 영업사원은 더 이상 상품을 팔려고만 하는 장사꾼으로 보이지 않습니다. 훌륭한 서비스를 제공하는 영업사원은 신뢰할 만한 조언자이며, 고객의 요구를 어떤 것보다 중시하는 사람으로 인식됩니다.

이처럼 고객의 인식을 바꿔놓는 것이 보험중개 일을 하는 나로서는 사업의 열쇠라고 할 수 있죠.

캘러웨이 시낙시스는 성공을 위해 새롭게 도약해야 할 시점에 있습니다. 기업을 한 단계 더 발전시키기 위해 리더가 해야 할 가장 중요한 일은 뭐라고 생각하십니까?

헤인스 기업을 다음 단계로 이끌기 위해 리더가 해야 하는 결정적인 세 가지가 있습니다.

첫 번째로 리더는 기업의 비전을 명확하게 정의해야 합니다. 즉 기업이 무엇을 추구하고 어떤 방향으로 가고자 하는지를 제시해야 하며, 기업이 직면하게 될 도전에 대해 충분히 이해하고 있음을 보여줘야 합니다. 도전이란 빠른 기술의 변화, 치열해져 가는 시장 경쟁, 노조 문제, 유통 장벽, 자금 조달 같은 문제들이죠.

도전에 대한 이해를 보여주는 것은 리더 자신이 제시한 비전과 계획에 신뢰성을 부여합니다. 그리고 이러한 신뢰성은 비전에 대한 믿음을 강화시킵니다. 따라서 리더가 제시한 계획이 성취 가능하다고 사람들이 믿도록 하는 것이 중요합니다. 계획의 성취 가능성이 의심받는다면 비전은 결코 실현될 수 없습니다.

두 번째로 리더는 직원들이 목표를 성취할 수 있도록 동기부여를 해야 합니다. 이 단계는 세 부분으로 이루어져 있습니다.

- 직원들이 비전과 계획, 그리고 그것이 회사와 자신들에

게 가져다줄 이득을 이해시킨다. 리더로부터 미래의 변화에 대해 듣게 되면 직원들은 가장 먼저 자신에게 어떤 영향을 미칠지를 생각합니다. 그리고 자신에게 어떤 이득이 있을지를 궁금해 합니다. 그러한 직원들의 반응은 당연한 것이죠. 강력한 리더는 그러한 질문들을 이해하고 대답할 준비를 해둬야 합니다.

 - 직원들이 주요 원칙에 동의하게 한다.
 - 직원들이 비전과 계획의 실행을 지원하게 한다.

세 번째로 리더는 성장을 위한 비전과 계획을 준비하고, 고객에게 그것을 효과적으로 전달해야 합니다. 특히 그러한 변화가 고객에게 어떤 이득을 가져다줄지를 분명하게 제시해야 합니다.

변화에 대해 설명할 때는 고객의 관점에서 변화의 혜택을 알려야 합니다. 기업이 저지르는 가장 큰 실수는, 변화가 기업에 미치는 긍정적 요소들만 부각시켜려 한다는 점입니다. 그 기업의 주주가 아닌 이상 고객은 그런 사항에 관심이 없습니다. 그보다는 고객에게 돌아가는 혜택을 설명하는 것이 중요합니다. 기업은 고객을 위해 끊임없이 변화하려 한다는 점을 보여줘야 합니다.

캘러웨이　사업에서 성공하기 위한 세 가지 열쇠를 고른다면 어떤 것이 있을까요?

헤인스　사업을 시작하기 전에 먼저 목표를 분명히 해야 합니다. 다시 말해, 무언가를 성취하려면 먼저 자신이 무엇을 원하는지를 알아야 한다는 것입니다. 사업에 실패하는 많은 이유는 자신이 무엇을 지향하는지, 고객이 누구인지 분명하게 정의하지 못했기 때문입니다.

두 번째로 중요한 것은 사람입니다. 언제나 최고의 인재를 고용하고 합당한 대우를 해줘야 합니다.

세 번째는 고객에 대해 아는 것입니다. 고객이 원하고 필요로 하는 것을 이해하고, 단지 제품이 아니라 해결책을 제공해야 합니다. 그리고 정말로 훌륭한 서비스를 제공해야 합니다.

기대치를 높게 잡아라

기업이 아닌 개인 중에서 '온리원'의 사례를 꼽으라면, 나는 제인 헛슨(Jane Hutson)을 빼놓을 수 없다.

제인은 베리 컴퍼니(Berry Company)에서 세일즈 매니저로 일을 시작했다. 1987년에 셀룰러 원(Cellular One)으로 자리를 옮긴 그녀는 27세의 나이에 부장으로 승진했다. 당시 회사에서 가장 나이 어린 부장이었고, 여성으로 그 직위에 오른 사람은 네 명뿐이었다. 재직 중에 그녀는 최고의 실적을 올려 사장 상(President Trophy)을 받았고, 고객 만족상을 수상하기도 했다. 제인은 1996년에 스프린트(Sprint)에 합류해 중부 테니시 지역의 영업을 총괄하는 중책을 맡았다. 그녀는 아무 기반이 없는 상태에서 자신의 팀을 꾸려 4년 내내 전국 64개 지점 가운데 10위권에 들었다.

2000년에 제인은 스프린트 본사로 자리를 옮겼고 영업개발 전무직을 맡았다. 그녀는 교육 훈련 사이트인 e-Learning Zone을 개발했다. 회사는 그 덕분에 5년 동안 약 1,500만 달러의 비용절감이 예상된다. 현재 제인은 다시 현장으로 돌아와 스프린트 PCS의 판매 및 유통 업무를 지휘하고 있다.

캘러웨이 당신이 이끄는 팀은 항상 사기가 높고 열성적인 걸 보면 감탄이 절로 나옵니다. 비결이 뭡니까?

헛슨 방법은 처음부터 기대치를 높게 잡는 것입니다. 그리고 우수한 인재들을 채용하고, 목표를 세우고, 목표를 달성할 수 있는 전략을 짜는 것입니다. 또한 지속적으로 결과를 평가하고 직원들이 사후 관리와 점검을 통해 끝까지 책임을 지게 하는 것입니다.

나는 성공을 즐겨야 한다고 생각합니다. 우리 아버지는 뛰어난 사람들을 주변에 두라고 말씀하시곤 하셨어요. 그러면 나도 성공을 즐기게 될 거라고 하셨죠. 다행히 운이 좋아 뛰어난 사람들을 많이 얻었어요. 공을 찬 다음 사람들을 억지로 그 방향으로 끌고 가는 건 전혀 도움이 되지 않아요. 기대에 못 미치는 사람들은 차라리 내버려두고 제 갈 길을 가라고 하는 게 낫죠.

캘러웨이 좋은 제품을 싸게 팔고 훌륭한 서비스를 제공하는 것 이상으로 고객 충성도를 높일 수 있는 열쇠가 뭐라고 생각하십니까?

헛슨	고객에게 충분한 가치를 제공하고 제품이나 기업에 대해 애
	착을 갖도록 해야 합니다. 고객 충성도는 단순한 만족 이상
	의 것입니다. 고객이 제품을 썼을 때 실망하지 않도록 해야
	하고, 문제가 생기면 신속하게 해결해주어야 합니다. 고객
	은 자신이 기업의 가장 중요한 자산으로 대우받기를 원합니
	다. 가장 충성스런 고객은 자신이 거래하는 회사에 대해 소
	속감을 갖습니다. 나의 목표는 고객들이 그런 느낌을 갖도
	록 만드는 것이죠. 그리고 바로 이런 생각을 회사의 기본적
	인 문화로 만드는 것이 중요합니다. 기업들은 고객이 아닌
	주가에만 너무 신경을 쓰는 경향이 있어요. 하지만 고객에
	게 더 많은 관심을 가져야 합니다. 그러면 주가는 저절로 올
	라갑니다.

캘러웨이	이제 막 사업을 시작하는 사람이 사업에서 성공하고 동시에
	행복한 인생을 살 수 있는 세 가지 비결을 묻는다면 뭐라고
	대답하시겠습니까?

헛슨	첫째로 항상 자신의 내면에 귀를 기울이고 옳은 일을 해야
	합니다. 우리는 어렸을 때부터 옳은 것과 그른 것의 차이를
	배워 왔습니다. 여기엔 정말 회색지대가 없습니다. 오로지
	옳은 일만 하세요. 때로는 어렵고 힘들겠지만, 그래야만 자
	신에게 항상 떳떳할 수 있습니다.

	둘째로 내 아버지도 말씀하셨지만, 뛰어난 사람을 곁에 두
	어야 합니다. 그러면 삶이 더 나아지고, 즐거워지고, 풍요로

워질 겁니다. 뛰어난 사람이 반드시 지능이 높은 사람을 뜻하지는 않아요. 뛰어나다는 말은 독창성이나 유머 감각, 추진력, 정직성, 품위, 균형 감각 등을 갖추고 있다는 뜻이죠.

마지막으로 자신의 재능을 최대한 발휘할 수 있는 일을 찾아야 합니다. 그리고 다른 사람이 각자의 재능을 찾는 것을 도와주고, 그들이 성공할 수 있도록 도움을 주어야 합니다. 다른 사람이 발전할 수 있도록 돕는 것은 참으로 아름다운 일입니다.